陈 红 著

"双碳"目标下内蒙古牧区发展
——牧民经济主体及培育路径研究

Development of Pastoral Area in Inner Mongolia under the Carbon Neutrality and Carbon Peak Goals

—— Research on Herdsmen's Economic Agents and Cultivation Paths

经济管理出版社
ECONOMY & MANAGEMENT PUBLISHING HOUSE

图书在版编目（CIP）数据

"双碳"目标下内蒙古牧区发展：牧民经济主体及培育路径研究 / 陈红著 . —北京：经济管理出版社，2023.9

ISBN 978-7-5096-9258-5

Ⅰ.①双…　Ⅱ.①陈…　Ⅲ.①牧区—区域经济发展—研究—内蒙古　Ⅳ.① F326.372.6

中国国家版本馆 CIP 数据核字（2023）第 179718 号

组稿编辑：任爱清
责任编辑：任爱清
责任印制：黄章平
责任校对：陈　颖

出版发行：经济管理出版社
　　　　　（北京市海淀区北蜂窝 8 号中雅大厦 A 座 11 层　100038）
网　　　址：www.E-mp.com.cn
电　　话：（010）51915602
印　　刷：北京晨旭印刷厂
经　　销：新华书店
开　　本：710mm×1000mm /16
印　　张：10.25
字　　数：168 千字
版　　次：2023 年 11 月第 1 版　2023 年 11 月第 1 次印刷
书　　号：ISBN 978-7-5096-9258-5
定　　价：78.00 元

本书为内蒙古大学铸牢中华民族共同体意识研究系列丛书。

本书为国家社会科学基金铸牢中华民族共同体意识研究专项重大项目"铸牢中华民族共同体意识视域下北部边疆安全建设机制研究"（22VMZ013）之子课题"文化强国背景下北部边疆意识形态安全建设研究"阶段性成果。

本书获得内蒙古哲学社会科学规划项目"'城牧互动社区'促进内蒙古多民族交往交流交融路径研究"（2021NDB137）的支持。

前言

　　在社会生活场景下经济学所记录的内容常与人的日常琐碎交织在一起。两者的区别主要体现在前者是以生计为导向的人的活动的总和，后者则是包含前者在内的人的活动的全部内涵和外延。经济主体的形成过程不是单一的社会经过，它是社会多维度相互作用的结果，这一点尤其凸显在个人经济主体上。个人所处的自然、社会、文化环境对其经济活动发挥着基本的限制或促进的作用，本书中将此复杂的互动过程描述为"规定作用"或"规定性"。

　　在研究方法上，本书试图结合民族学与经济学的研究方法，从案例角度分析两者之间的关系：一是在理论层次上都会关注微观场景中的人的活动并将其升华为特定的理论或社会形态；二是两个学科在数据、案例的获得上偏好观察人的活动并注重实地调查资料。本书利用田野调查方法，观察、访谈和记录以牧民及牧民家庭为单位的生计活动内容，所收集的案例覆盖了微商、度假村经营、出售特色产品等牧民生计活动的多种视角，在地点分布上包括内蒙古主要牧业盟、市。

　　书中主要记录、呈现的时间段是21世纪初始的两个十年，分为两个阶段：21世纪第一个十年（2000-2010）；21世纪第二个十年（2011-2020）。自20世纪80年代社会主义市场经济随着改革开放的步伐深入内蒙古嘎查/村，时间走到20世纪90年代末。21世纪初第一个十年内蒙古自治区以工业化求发展，地方生产总值有了极大的提高，牧业生产上追求集约化和产业化，鼓励以地方特色来赢得市场青睐。社会宏观层次上的推进与鼓励，给牧民带来了改变生活轨迹的契机，此时从牧业村落外出打工的年轻人越来越多。当因生态问题鼓励牧业村落集体转移时，疲于生计的牧民逐步在城镇市场中奋力寻找可以实现安身立命的新的生活模式。牧民自主经营的方式方法，直观上是城镇与牧业村落之间的流动。牧民家庭基于家庭成员的分工，将家安在城村两头或者只是把城镇作为一处临时的落脚点，人同畜群一起游走于租用的草场上。通过该阶段的学术研究和政策定位研究者对牧民流动有了新的认知。21世纪牧业区域前十年的市场经济发展，使进入第二个十年阶段的牧民群体借助互联网对市场有了更进一步的了解及利用。来自内蒙古自治区牧业区域的多个案例显示，牧民利用旅游产业、网络平台获取的收入在牧民生活中发挥着重要作用。第二个十年在城镇化的推力下，牧民逐渐适应了城—牧互动模式，对城镇和牧业村落之间的自然、社会空间进行了重新整合，形成了更为合理有效的城村利用网络。在城—牧互动模式下，牧民经过调整生计模式，利用现代交通、通信及流通体系，更多地参与到市场销售中，以家庭或社区为单位构成了自主的经济主体。从技术到原料，牧民在牧区新发展理念下正在创立一套有效的产销一体的经营机制。

城—牧互动模式诠释了牧业村落在自然、社会、文化资源规定下的牧区城村流动性、"两栖"状态的特征。牧民通过城—牧互动模式获得了在城镇安心生活的部分保障，并努力让家庭在牧区拥有的资源成为身处城镇市场上的优势。在牧区发展、城镇化进程中涉及生态功能区人口转移和城市人口低碳生活两方面。因此，在现阶段牧区城镇化的探讨中加入"双碳"背景既是必然的，也是必须的。在当前牧区城镇化研究中还未形成围绕该专题的针对性的研究脉络。

发展的含义在全球政治经济语境中有阶段性的变化。在国内，发展与现代化相结合，在生产方式、技术的发展目标基础上逐渐演进到了现阶段基于生态、环保一体的新发展理念。在中国经验层次上，发展始终是解决一切问题的基础和关键。新发展理念被视为具有内在联系的集合体，要求从创新、协调、绿色、开放、共享的维度去解释中国特色社会主义的本质要求。自20世纪50年代以来，实现城市化成为发展中国家的主要发展目标之一，不管在政策层次上还是在个体意愿上，城镇成为实现整个社会和个人发展的重要场所。在庞大的发展话语体系下，中国政府对城镇与农村的协同发展给予了更多的期望，"双碳"目标给这一期望提出了更高层次的要求。

中国"双碳"目标的实现需依托"新发展理念"所阐释的"内在联系的集合体"。在实践过程中的技术创新是"双碳"目标实现的关键，协调则更是实现"双碳"目标的途径和方法。"双碳"目标的执行主体是各省（市、区）地方政府，这一层级对中央政策的执行力既关乎降碳成效，也关系着社会面上的实践导向和内容。在牧区城镇化领域，降碳举措将会直接触及广大牧区民众生活理念和生存空间的转变，是实现牧业人口的城镇化、城镇人口低碳化、恢复生态并将碳汇达到区域性的零碳的重要因素。因此，现阶段牧区发展过程中谋求多领域协调协作迫在眉睫。

自然生态环境是"双碳"战略目标实现的重要基底。内蒙古自治区拥有丰富的森林和草原资源。虽然草原在碳汇效果上有不同的结论，但在空间治理维度草原区域方面发挥着绝对的重要作用。内蒙古草原是欧亚大陆草原的重要组成部分，在新型城镇化进程中它是实现牧区发展，促进牧区城镇化的主要场域。内蒙古自治区"双碳"工作面临着转型压力以及能源资源供应负担重，亟待解决碳汇空间转换的路径问题。碳排放与碳消除归根结底是人类社会活动，因人类生活需求而起，也可以由人为行动来除碳。在"双碳"目标的制约下，人类社会生活的方方面面会被重新定义行动的意义，低碳将会是所有活动的基本要求。国家及地方政府层面的行动通过不同类型的文件、行政记录、奖惩措施等具体内容得以体现，而这一过程在微观生活领域通过人的生计活动得以实现。伴随生计活动的低碳方法、路径对消碳具有重要意义。

本书第一章、第二章由研究背景、方法、综述、理论框架及调查概况等内容组成。第三章、第四章及第五章内容基于内蒙古自治区自然资源分布和利用特点说明了在牧区发展的进程中生态治理政策、牧区发展与牧民生计之间的相互作用过程。社会流动性频繁的情况下市场经济促成的牧民经济活动更多是对社区界线的模糊化。与有着明确边界意识的社区相比，有意愿跨越特定边界意识的"城—牧互动模式"更能贴切、客观地形容现有的牧业社会形态。第五章、第六章通过城—牧互动模式进一步说明了发展政策下社会治理空间和人群上的重叠性。第七章中包含了不同类别的四个案例，通过多个案例的描述进一步说明该重叠性及牧民经济主体的多样性。社会治理过程作为国家意志的主要体现方式，会通过多个渠道作用于基层社会。牧区发展相关研究既是政治学、经济学的研究领域，也是生态学、民族学、社会学等学科的研究领域。目前在本书中注意到的重叠性表现为生态保护、城镇化、市场经济与人口流动下呈现的牧区发展实践。在实践过程中以"三农""三牧"问题为抓手的新型城镇化是以生态可持续为目标的社会、自然空间的互动以及以发展为导向的牧民生计模式的转变。

"双碳"目标与牧区发展之间的关系是新的研究角度，两者之间的互动目前处于国家、地方的规划方案之内，实施与实践层面还处于引导转变阶段。自21世纪以来，初生态问题与牧区发展同行于同一时空之内，在政策、制度上对两者之间的关系进行了协调和统筹。"双碳"目标在牧区发展话语内可作为继一系列草原生态保护方案之后更现实、迫切的生态治理需求。本书对于内蒙古自治区在今后发展中如何寻求能源基地与生态屏障之间的平衡问题没有加以论证，而是把重点置于如何形成生态屏障的部分，主要从资源规定性谈实现"双碳"目标的空间需求及空间治理对实现碳汇的意义。内蒙古自治区作为自然资源储量及能源输出基地的现实情况，是"双碳"目标下需兼顾的部分。这是资源规定中自然资源对人的社会的限定条件，是牧区发展的生态背景，也是可持续发展所需的自然空间。确立"双碳"目标，碳达峰后实现碳中和，社会各项活动将遵循限制条件中的规定项目。

自主经济主体是大环境的产物，尤其细究微观社会环境中的不同经济循环及经济主体之间的区别时，地域自然资源、社会文化资源促成的经济活动是千差万别的，承担经济活动的主体实践过程也有着实际的区别。微观经济学领域考察牧民自主经济主体，更像是在记录和呈现基层生计活动轨迹，书中基于微观现象试着探讨其阶段性的特征，进而找出引导与促进的路径与方法。

本书研究主题限定在城镇化和现代化如何对接生态安全，并通过统筹个人经济行为促成社会、文化更高层次上的系统性。书中从牧民个体自主经济活动与生态环境、社会资源、社会政策之间的实践关系入手，试着梳理

"双碳"目标下培育牧民经济主体及促成其观念转变的实践路径。该主题的设想源于笔者有效衔接宏观与微观社会现实的尝试。"双碳"目标确立之后，中国未来的经济发展规划已有重大的调整。内蒙古自治区作为重要能源基地，能源优势与"双碳"目标之间的关系处理成为内蒙古自治区迫切寻求解决方案的关键点。

陈红

2023 年 7 月 16 日

目录

第一章

导论

第一节　研究背景

2020 年 10 月，党的十九届五中全会首次将 2030 年前碳达峰，2060 年前碳中和（"双碳"）目标纳入"十四五"规划建议。2020 年 12 月，中央经济工作会议把做好碳达峰、碳中和工作列为 2021 年重点任务之一。2021 年之后中国正式步入了"降碳"时期，国内经济社会面临系统性变迁。"实现碳达峰、碳中和，是以习近平同志为核心的党中央经过深思熟虑作出的重大战略决策，事关中华民族永续发展和构建人类命运共同体。"[①] 综合考虑人类社会与自然环境时"人类命运共同体"的设想的现实意义更加显著。气候变化是人类面临的共同挑战。自 2015 年 12 月通过《巴黎协定》以来，2020 年后的全球气候治理计划——全球平均气温较前工业化时期上升幅度控制在 2 摄氏度以内，并努力将温度上升幅度限制在 1.5 摄氏度以内，成为人类社会共同面对的艰难任务。研究显示，从目前各国提交的自主贡献承诺来看，全球气温仍有可能上升 3.2 摄氏度，因此各国政府在自主贡献承诺之后纷纷重

[①] 新华社北京 10 月 24 日电，中央层面的系统谋划、总体部署——就《中共中央　国务院关于完整准确全面贯彻新发展理念做好碳达峰碳中和工作的意见》访国家发展改革委负责人，http://www.gov.cn/zhengce/2021–10/25/content_5644689.htm，搜索时间 2022 年 10 月。

新拟定新目标。2020 年 9 月，习近平总书记在第 75 届联合国大会一般性辩论上指出：中国二氧化碳排放力争于 2030 年前达到峰值，努力争取 2060 年前实现碳中和。这是中国在《巴黎协定》后明确提出的第一个长期气候目标。[①] 随后，习近平总书记在多个重要场合、会议及战略规划中均强调了"双碳"目标，相关部门也就如何达成"双碳"目标制定具体实施方案。《中共中央关于制定国民经济和社会发展第十四个五年规划和二〇三五年远景目标的建议》中明确，"构建国土空间开发保护新格局。立足资源环境承载能力，发挥各地比较优势，逐步形成城市化地区、农产品主产区、生态功能区三大空间格局""支持城市化地区高效集聚经济和人口、保护基本农田和生态空间，支持农产品主产区增强农业生产能力，支持生态功能区把发展重点放到保护生态环境、提供生态产品上，支持生态功能区的人口逐步有序转移，形成主体功能明显、优势互补、高质量发展的国土空间开发保护新格局"。[②]

内蒙古自治区有"两个屏障""两个基地"和"一个桥头堡"的定位[③]，是当下内蒙古自治区"五大任务"的具体依据。"内蒙古地区的草原是欧亚大陆草原的一个重要亚带，更是我国北方的重要天然生态屏障。非但如此，草原也是内蒙古自治区的主要生态构成区，对整个自治区的环境保护与社会发展意义重大。"[④]内蒙古草原面积广阔，对保持水土、生物多样性以及涵

---

① 习近平在第七十五届联合国大会一般性辩论上的讲话，https://m.gmw.cn/baijia/2020-09/23/34214329.html，搜索日期 2022 年 10 月。

② （新华社北京 11 月 3 日电）中共中央关于制定国民经济和社会发展第十四个五年规划和二〇三五年远景目标的建议（2020 年 10 月 29 日中国共产党第十九届中央委员会第五次全体会议通过），http://www.gov.cn/xinwen/2020-11/03/content_5556991.htm，搜索时间 2022 年 10 月。

③ 该段论述见内蒙古政府网站，https://www.nmg.gov.cn/ztzl/tjlswdrw/ 2023 年 7 月。自党的十八大以来，习近平总书记先后三次到内蒙古考察，连续 5 年参加全国两会内蒙古代表团审议，明确要求把内蒙古自治区建设成为我国北方重要生态安全屏障、祖国北疆安全稳定屏障、国家重要能源和战略资源基地、农畜产品生产基地，我国向北开放重要桥头堡。习近平总书记赋予的"两个屏障""两个基地""一个桥头堡"的战略定位，既指明了内蒙古在新时代新征程上的重大责任和光荣使命，也指明了内蒙古完整准确全面贯彻新发展理念、服务和融入新发展格局的努力方向和着力重点，我们要深入贯彻落实习近平总书记重要讲话精神，紧紧围绕落实五个方面的战略定位，自觉把内蒙古工作放在构建新发展格局中谋划和推进。

④ 崔思朋.游牧生产方式及其生态价值研究：以北方草原为考察对象［M］.北京：中国社会科学出版社，2023：17.

养水源发挥着根本作用。党的十八大之后，内蒙古先后出台《内蒙古自治区基本草原保护条例》《关于加强草原保护修复的实施意见》等地方性法规规章和政策文件，不断加强草原保护力度。将内蒙古自治区87%的面积划入限制开发区域，51%的面积划入生态保护红线。内蒙古自治区境内草原被分为红线内草原、红线外基本草原和一般草原三类，红线内草原被视为严格管控对象，从源头上杜绝不合理开发建设活动。

《关于完整准确全面贯彻新发展理念做好碳达峰碳中和工作的意见》（2021）[①]中特别将推进城乡建设和管理模式低碳转型作为工作重点之一，要求在城乡规划建设管理各环节全面落实绿色低碳要求，结合实施乡村建设行动，推进县城和农村绿色低碳发展，在城乡建设中发展节能低碳建筑，全面推广绿色低碳建材，推动建筑材料循环利用。加快优化建筑用能结构，深化可再生能源建筑应用，加快推动建筑用能电气化和低碳化。人口集中到周边城镇之后，农牧村区域内的人口密度会相对降低，能够为"生态功能区"留出空间。中华人民共和国生态环境部、国家发展和改革委员会等七个部委联合印发的文件中对于"留出的空间"做出进一步的规划和协调的方向，在推进生态建设协同增效环节，坚持因地制宜，宜林则林，宜草则草，科学开展大规模国土绿化行动，持续增加森林面积和蓄积量。这是形成碳汇空间的主要途径，加强城市生态建设，完善城市绿色生态网络，优化城市绿化树种，开展生态改善、环境扩容，提升生态系统碳汇与净化功能列为了工作主要内容。[②]

从碳汇角度来看，自然载体及物理空间变得极为重要，在国家及地方层级的部署中均有顾及并尽力在实践中落实。但在细化草原规划实质性的内容时，碳汇的实现更依赖于人的实际行动，从而问题转向包括人与自然在内的系统性的问题。在"双碳"背景下，城市化与经济社会发展中的人类活动是碳排放主要来源。城镇化能够吸收生态功能区转移人口，但在其城镇安居过

---

① http://www.gov.cn/xinwen/2021-10/24/content_5644613.htm，2022年10月。

② 关于印发《减污降碳协同增效实施方案》的通知，发文机关：生态环境部 发展和改革委 工业和信息化部 住房和城乡建设部 交通运输部 农业农村部 能源局，发文字号：环综合〔2022〕42号，http://www.gov.cn/zhengce/zhengceku/2022-06/17/content_5696364.htm，2022年10月。

程中实现"低碳""零碳"则是复杂的系统工程,需要社会子系统之间的协调。

第二节　研究目标及研究意义

本书主要围绕"双碳"目标下内蒙古牧区发展探讨牧民自主经济主体培育。该议题的设想包含研究中有效衔接宏观与微观社会现实的意愿。自"双碳"目标确立之后,中国未来的经济发展规划已有重大的调整。内蒙古自治区作为重要能源基地,能源优势与"双碳"目标之间关系的处理成为继续研究并寻求解决方案的关键点。基于此,书中列入内蒙古牧区多个案例,思考在重大的社会背景转变之下的社会子系统内的调节及衔接,因此,虽然书中以牧区为考察点,但所关注的问题是为实现"零碳"目标而努力的人类社会与自然生态之间的关系形式。在对"零碳"的理解上,"零"并不是指将碳排放降至零,而是接近零的碳排放能与同一时段消除空气中的碳之间取得平衡而趋向于零。"排放"与"消除"归根结底是人类社会活动,因人类生活需求而起,由人为行动来除碳。因此,在"双碳"目标的制约下,人类社会生活的方方面面会被重新定义行动的意义,并被要求采取有效的抵消碳的行动。国家及地方政府层面的行动通过不同类型的文件、行政记录、奖惩措施等具体内容得以体现。

发展的含义在全球政治经济语境下有阶段性的变化。在国内,发展与现代化相结合,在生产方式、技术的发展目标基础上逐渐演进到了现阶段基于生态、环保一体的新发展理念。在中国经验层次上,发展始终是解决"一切问题的基础和关键"。"新发展理念是具有内在联系的集合体。在新发展理念中,创新是引领发展的第一动力,协调是持续健康发展的内在要求,绿色是永续发展的必要条件和人民对美好生活追求的重要体现,开放是国家繁荣发展的必由之路,共享是中国特色社会主义的本质要求。"[①]

----

① 中共中央宣传部国家发展改革委员会.习近平经济思想学习纲要 [M].北京:人民出版社,学习出版社,2022:40-41.

气候议题成为全球焦点，中国"双碳"目标的实现需依托"新发展理念"所阐释的"内在联系的集合体"。当前从减碳、降碳到碳汇计算模式均需要新的技术上的创新。在实践过程中的技术"创新"是"双碳"目标实现的关键。"协调"则更是今后实现"双碳"目标过程中重要的途径和方法。"双碳"目标的执行主体是各省（区）地方政府，在这一层级上对中央政策的执行力关乎降碳成效，也关系着社会面上的实践导向和内容。仅在牧区城镇化领域，降碳关系到广大牧区民众生活理念和生存空间的转变，是实现牧业人口的城镇化、城镇人口低碳化、恢复生态并实现碳汇达到区域性的零碳的工程，因此现阶段谋求多领域协调协作路径迫在眉睫。

在碳汇载体的探讨上，目前森林碳汇被认为是最具实际效果的途径，山水林田湖草沙海等自然资源在限定条件下也被认为是碳汇的重要载体，是"双碳"战略目标实现的重要基底。根据内蒙古自治区林业和草原局公布的数据，内蒙古自治区第八次森林资源清查结果表明，全区林地面积6.75亿亩，其中森林面积3.92亿亩，森林覆盖率22.10%；内蒙古自治区天然草原面积13.2亿亩，草原面积占全国草原总面积的22%，占全区国土面积的74%。[①]

内蒙古草原是欧亚大陆草原的重要组成部分，以草原资源为依托的牧业区域是碳汇重要空间之一，是实现"双碳"目标的依托空间；在新型城镇化进程中它是实现牧区发展、促进牧区城镇化的主要场域；对黄河流域"双碳"目标实现有重大意义，能有效助推黄河流域生态保护和高质量发展。尽管内蒙古自治区处于黄河流域中间段，碳汇资源丰富，但也存在碳汇与碳排放空间不匹配、固碳潜力有待提高的实际问题。内蒙古自治区"双碳"工作面临着转型压力以及能源资源供应负担，亟待实现碳汇空间转换。在当前，区域性的经济—社会—生态复合系统本身的优化是实现"双碳"目标的重要路径。

进入新型城镇化阶段，内蒙古牧区已步入"城—牧互动模式"，即在城镇和牧业村落之间形成了新的自然、社会空间的重新整合。在城—牧互动模式下，牧民经过调整生计模式，利用现代交通、通信及流通体系，更多

---

① http://lcj.nmg.gov.cn/lcgk_1/，搜索日期2023年7月。

地参与到了市场销售中，以家庭或社区为单位形成自主的经济主体。从技术到原料，牧民在牧区新发展理念下正在创立一套有效的产销一体的经营机制。牧区发展、城镇化进程中涉及生态功能区人口转移和城市人口低碳生活两方面。因此，关于牧区城镇化的探讨加入"双碳"背景既是必然的，也是必须的内容，而在当前牧区城镇化研究中还未形成专门的针对性的研究方向。本书基于近十年来笔者跟随不同项目组进行的内蒙古牧业区域的实地调查资料以及有关内蒙古牧区经济社会发展综合研究积累，探讨在"双碳"目标下，内蒙古牧区发展整合多个资源模式，实现生态、宜居、城镇化、减碳等方面的多赢路径与机制。

第三节　社会调查概况

本书社会调查在时间跨度上包含 21 世纪前 20 年，调查时间段集中在 2009~2011 年、2016~2018 年、2021~2022 年 7~8 月。书中列入的调查地点分布在内蒙古自治区东、西以不同区域牧业为主的旗县，分别在巴彦淖尔市乌拉特中旗、呼伦贝尔市鄂温克旗、阿拉善盟左旗、锡林浩特市正蓝旗、鄂尔多斯市乌审旗，五个盟市七个村、镇案例。

巴彦淖尔市乌拉特中旗、呼伦贝尔市鄂温克旗的调查资料是在不同项目所涉及的系列社会调查中积累下来的，是本书中记录的 21 世纪第一个十年阶段的牧区社会、经济、文化研究的主要资料来源。21 世纪第二个十年的调查资料来自仓阿、乌日汗、乌云娜、其其格及笔者的暑期社会调查。

仓阿、乌日汗、乌云娜是内蒙古大学 2019 级民族学三位本科生，其其格是 2020 级民族学本科生。她们分别在阿拉善左旗庆格勒图嘎查、正蓝旗草原度假村、鄂尔多斯市乌审旗、呼伦贝尔市鄂温克旗西博嘎查进行社会调查后撰写了调查报告，并以城村流动性为背景，以调查报告为依据各自完成了毕业论文和学年论文。笔者于 2022 年 7 月在鄂温克旗巴彦托海镇的城镇市场中对牧户参与方式及城牧互动社区多民族交流交往与交融相关主题进行了社会调查。调查详细内容在案例涉及的相关章节中已做具体说明。

第四节　研究方法

在研究方法上，本书采用实地调查方法，成员到嘎查/村参与观察牧民生计活动、深入访谈获得一手田野资料。在阿拉善盟左旗、锡林浩特市正蓝旗、鄂尔多斯市乌审旗、呼伦贝尔市鄂温克旗西博嘎查调查的五位成员均为当地人，虽然书中列入的调查时间一般持续15~21天，但调查成员对该地区的社会文化环境较为熟悉，对所关注的主题有较全面的认识。

研究方法与调查资料的结合关系到理论研究的重点。本书中对发展议题加以限定，即在"双碳"目标下如何实施系列社会发展政策。因此在书中对牧区发展相关的探讨围绕城镇与村落之间的流动性，用调查所获一手资料支撑和说明在生态治理下的社会经济转向与个体生计活动之间的紧密关系。在内蒙古不同盟、市调查到的牧民参与市场经济的活动因所掌握的自然、社会资源的不同各有其特点。再从其经营行为及结果来讲，每个案例点获得的调查资料实际上是较为综合性的，细读访谈资料发现，被访人的经济行为在流动性的社会背景下为牧区发展做出了贡献，并从个人的角度解读了宏观社会政策。而在访谈和观察中，调查成员们也遗憾地发现，虽然牧区生活中人们会很容易理解和接受生态保护的重要性，但对于现阶段在政策层面上大力推行的减碳、降碳的行动仍不能用"本土"的方式去描述，也就是关于"碳"的理解并不深入，人们的观念转变还停留在滞后的阶段。这也是本书中以"双碳"目标为背景去探讨牧区发展，培育牧民自主经济主体的主要原因。

经济学进入微观层次时就被还原到人的生计活动下的日常细节，尤其在村落领域更是如此。本书在采用田野调查方法的基础上重点观察、访谈和记录了基层社会日常经济活动内容，其中包括以个人或家庭为单位参与的经营性活动的较多种类，如微商到度假村经营。在表现形式上，虽然牧民个体经营的经济活动比较多样，但在整体上也有一定的共性，以牧业产品或牧区社会需求为基础寻找商机，现阶段大家都把利用网络平台作为主要经营手段之一。地方性社会的文化环境对于当地人的商品经营品种及模式有较大的影响，地方特色文化、民族文化在牧民的经营活动中不只是自我认同依据，而是被视为文化符号来促进顾客对文化的消费。总体上，本书基于第一手调查资料及文献资料，通过对牧民经济行为的观察形成了关于"双碳"目标下牧区发展与个体经济关系的一些认识，并通过梳理国家生态治理策略推进脉络，对牧区发展模式、路径进行了思考。

第二章

研究综述与理论框架

第一节　研究综述

本书主要考察牧民个体自主经济活动与生态环境、社会资源、社会政策之间的实践关系，从而探究"双碳"目标下培育牧民自主经济主体的观念转变及实践路径特点。发展话语包含庞大的体系，其中，城镇与农村是重要研究领域。城市化对区域性的社会发展意义重大。自20世纪50年代以来，实现城市化成为发展中国家的主要发展目标之一，不管是在政策层次上还是在个体意愿上，城镇成为实现整个社会和个人发展的重要场所。本书研究议题限定在城镇化和现代化如何对接生态安全，并通过统筹个人经济行为来促成社会、文化更高层次上的系统性。

系统观是人的世界观的重要组成部分，它构成了人与他人之间的思维、行动上的不同。系统观的提出是为了对"增长的极限"[①]的认识。系统观的方法重在让人们用新的方法来处理问题并发现意想不到的选项，例如，全球生态制约的观念从最初的不被接受到对可持续发展概念的接受。按照系统观的解释，在分析某一现象时，放弃对单个事物的过多关注，而是注重

---

① ［美］德内拉·梅多斯，乔根·兰德斯，丹尼斯·梅多斯.增长的极限［M］.李涛，王智勇译.北京：机械工业出版社，2023.

事物之间的联系，把人口、经济、环境、政策、文化等诸多因素视为一个具有互动关系的系统。因此本书所要谈到的牧区发展并不仅是牧区在经济指数上的增长，而是把牧区放置在更大的自然、社会网络内分析和探讨。

一、牧民与市场经济

牧民的经济活动是以生计需求为导向的，随着国内社会生活水平的整体提高，牧民的经济活动不再是单纯的对温饱问题的需求，更为普遍的要求是提高生活质量。这与中国特色社会主义进入新时代所呈现的主要矛盾一致，"人民日益增长的美好生活需要和不平衡不充分的发展之间的矛盾"[①]。社会发展的充分性体现在个体的需求之上。20世纪末社会主义和市场经济的关系得到了新的诠释，在党和国家的领导下中国实现了从高度集中的计划经济体制到充满活力的社会主义市场经济体制的历史性转变。在坚持党的领导与社会主义制度的前提下发展市场经济的这一过程体现了中国式发展制度的优越性。该优越性集中体现市场决定资源配置的同时政府保持宏观经济稳定、优化公共服务、加强监管、维护秩序、保障公平、推动可持续发展等方面。同时"在市场经济体制下，资本是带动各类生产要素集聚配置的重要纽带，改革开放四十多年来，资本同土地、劳动力、技术、数据等生产要素共同为社会主义经济繁荣发展做出了贡献"。[②]社会主义市场经济及牧民自主支配的生产要素的结合促成了活跃的牧民自主经济主体。牧民带着"资产"进入城镇之后，生计需求与寻求个人发展的执着促动着牧民及其家庭的经济活动不断与市场深度结合。该过程是潜行的过程，是隐藏在日常活动之内的系统性工程。

在以往牧区、牧民与市场经济关系研究中，对于牧民经济主体的特征——日常性、系统性与主动性的探讨较少，这主要是由于20世纪末至

① 中共中央宣传部.习近平新时代中国特色社会主义思想学习纲要（2023版）[M].北京：学习出版社：人民出版社，2023：34.

② 中共中央宣传部.习近平新时代中国特色社会主义思想学习纲要（2023版）[M].北京：学习出版社：人民出版社，2023：152.

21 世纪初期，国内市场经济发展地区之间的差距较大，内蒙古区域市场经济发展在时间和空间上相对滞后。在内蒙古牧区相关研究中以市场经济为主题的研究较少，宏观经济研究或社会变迁研究中综合探讨牧民经济行为的研究较多。阿拉坦宝力格等（2013）在《游牧生态与市场经济》中基于呼伦贝尔市、通辽市、赤峰市、锡林郭勒盟、鄂尔多斯市的多个嘎查案例，以生态问题为背景分析了市场经济刺激下的家畜头数的增长对环境造成的压力。① 韩念勇（2017）认为，天然草场具有"生产系统中的资源"和"生态系统中的组分"双重"身份"，因此草原上的市场化是一对矛盾体，容易进入重视资源而轻视生态整体系统的循环，当市场优化配置资源的优势遇到生态系统问题时便会进入失灵状态。② 达林太、郑易生（2021）结合牧区政策制度、社会文化变迁考察了牧区经济发展相关金融服务，在产业化、畜群结构、家庭支出、经营组织等方面提出了建设新牧区、振兴草原畜牧业的建议。③ 张群（2021）在工矿开发背景下探讨了内蒙古牧民可持续生计，认为牧业制度和工矿开发的分配逻辑是当地牧民生计所面临的重要的机构与政策背景，在矿产开发过程中，从长远来看，牧民承担的生态成本较多，生计资本匮乏，转型面临较多困难。④

二、生态环境对牧区生计的制约

在牧区、牧民与市场经济的相关研究中，学者们注重牧区生计与生态环境之间的依存关系。认识到经济从属于生态的观点转变是艰难的。在牧民经济行为中，生态因素是重要决定因素。到了 21 世纪 20 年代生态的重要性随着气候变化而引起了国际社会系列回应，寻求国际之间的合作以应对全球变暖带来的后果成为多个国家和地区协同参与的共同目标。提出"双碳"目标之后，国内在经济、社会治理上更加重视生态综合治理。赵云平

---

① 阿拉坦宝力格等.游牧生态与市场经济［M］.呼和浩特：内蒙古大学出版社，2013.

② 韩念勇.草原的逻辑（上）［M］.北京：民族出版社，2017.

③ 达林太，郑易生.牧区与市场：市场化中的牧民［M］.北京：社会科学文献出版社，2021.

④ 张群.工矿开发背景下的牧民可持续生计研究：基于内蒙古乌拉特后旗的调查［M］.北京：光明日报出版社，2021.

等（2021）按照既有国土开发战略和生产力空间布局，认为内蒙古自治区国土空间开发及规划还处于不协调、不平衡、不充分状态，其重要原因在于内蒙古自治区的人口、经济、资源环境之间在空间开发和生产力布局上不平衡，在生态制约下社会治理应"多规合一"，克服各个部门规划不衔接和不统一。① 包思勤（2021）在内蒙古农牧区专题研究基础上探讨了"不平衡"在基层社会的具体体现，结合"十四五"规划全面实施乡村振兴之际转变农牧业生产经营方式，提升农牧民生活适应能力；再结合内蒙古自治区主体功能区规划，在不同地区构建科学合理的农牧业发展格局及生态安全格局，保障农牧业生产生活及产品供给。②

现阶段，以内蒙古牧区为案例的研究中还未形成"双碳"目标为生态制约因素的系统研究。这与气候变化的话题在牧区研究中常与生态治理结合在一起有关。当气候变化、"双碳"目标在牧区生活场景中被提及时被理解为当地灾情的原因，而不与自身的生产生活方式及个人行为习惯关联起来。因此在"双碳"目标背景下探讨牧区发展对于唤醒牧业区域活动人群的实际关注点，并进一步实施转变人的生活生产观念非常有必要。

从现有的"双碳"相关内容来看，虽然遏制地球温度上升的方法表现为技术创新的极大渴望，但最终降碳还是要回归到人类整体的意识、观念层次的问题上。比尔·盖茨（2021）经过多领域综合考察研究之后对人类如何应对气候变化给地球降温这个问题提出了五个关键的问题，即指出了实现零碳道路上的重要人类活动领域：电力生产与存储、生产和制造、种植和养殖、交通运输、制冷取暖。这些领域浸透在人的生产生活活动之中，零碳行动事实上是"我们每个人的责任"。③ 据中国 2020~2050 年低碳发展相关研究，国内进入了生态瓶颈期，依靠大量消耗不可再生资源来实现经济快速增长的模式已难以为继，坚持绿色发展则需在全社会范围内树立尊重自然、顺应自然、保护自然的生态文明理念，节约资源和保护环境是形成

① 赵云平，樊森，司咏梅等.内蒙古国土空间开发战略与规划方略［M］.北京：中国发展出版社，2021.
② 包思勤.内蒙古农村牧区适应气候变化措施研究［M］.呼和浩特：内蒙古大学出版社，2021.
③ ［美］比尔·盖茨.气候经济与人类未来［M］.陈召强译.北京：中信出版社，2021.

新的空间格局、产业结构、生产方式、生活方式的基本方针；在该模式下产业结构的调整将倾斜于第三产业，2036~2050 年中国将进入发达的服务业的强国行列，无论是生活还是生产服务与整体经济将形成良性互动关系。[①]

三、市场经济下的农牧民经济主体

"系统观念可以让我们看到一些从其他任何一个位置都看不到的东西，但视线也会被挡住从而看不到其他一些东西。"[②] 因此用系统观看问题的基本要求则变成了要承认被挡住的视线以及是如何被挡住的，这样才能够保证系统的说服力。在本书中笔者所选择的研究视角是宏观与微观层次上的结合，虽然牧民经济行为的方方面面是可以通过社会调查记录下的社会实践内容，但它不是孤立的活动，而是在不同层级的社会网络体系内呈现的社会现象。个体的经济活动有被动的一面也有主动的一面，其内容丰富、复杂，因此，在研究中应将重点放在人作为经济主体的自主能力之上，也就是社会和个人、家庭对自主经济主体能力培育的合作之上。微观经济学领域研究消费者、劳动者和一些经济活动的参与者"在购买什么、存储多少以及在既定工资水平下会在哪里工作、工作几小时等方面如何做出决策"，即认为经济活动的参与者能够做出理性选择。[③] 从生活角度经济活动参与者的决策能力受制于大环境的各种因素，其中，政府与市场的关系是重要的影响因素，而 21 世纪之际，生态因素已然变成了更为宏观层次上的制约性条件。

政府与市场的关系一直是经济学中的重要议题。在市场经济环境下政治包括对资源配置、收入再分配和经济稳定在内的所有政府职能均有直接影响。对于社会而言，与收入再分配和稳定经济相比，提供公共产品是政府最根本的职能。20 世纪之后政府防范和应对外部性的职能不断在扩大，在

---

① 中国长期低碳发展战略与转型路径研究课题组，清华大学气候变化与可持续发展研究院.读懂碳中和：中国 2020—2050 年低碳发展行动路线图［M］.北京：中信出版社，2021：1-18.

② ［美］德内拉·梅多斯，乔根·兰德斯，丹尼斯·梅多斯.增长的极限［M］.李涛，王智勇译.北京：机械工业出版社，2023：5.

③ ［美］加里·贝克尔，吉蒂·贝克尔.生活中的经济学［M］.章爱民，徐佩文译.北京：机械工业出版社，2013：334.

"全球变暖"问题上，各国政府面临的是是否无视这一"潜在灾难"而盲目地相信市场会自动解决这个问题。然而全球气候变暖具有全球性和空间性，很难凭借一国政府之力去应对气候变暖及其效应，各国政府应当从自身经济职能出发，重视这场潜在的、毁灭性的灾难，花费必要的代价降低全球变暖的概率是明智的。与过去的几个世纪相比，政府必须承担更多的监管职能，才能保护国民远离潜在风险、免受负外部性和不当生产消费行为的伤害。① 在一次中国与德国的社会市场经济学术讨论中明确了"社会市场经济"概念，将其定义为一项调控性政策，其目标是在竞争性经济基础上，将自由意志和社会进步结合起来。该模式要求政策措施与市场相适应，这能为不与市场力量发生冲突的情况下推行经济政策留下更大的空间。② 在社会主义市场经济环境中政府在调控角色上常是兼顾宏观与微观领域的主体。在提出"双碳"目标之后，个人的经济活动嵌在实现城镇化的国家话语内，是以生计为导向的进城务工的过程。因此伴随城镇化一同成长的是社会主义市场经济的规模。市场成为消解城乡二元结构的主要路径之一。市场经济兼容个人、集体和国家主体，在实践中发挥了"社会市场经济"所指的竞争性基础上的调控作用，并助推经济政策在微观社会生活中获得被充分地方化的实施空间。

改革开放以来，经济主体始终属于经济学界基础研究领域，因为离开经济主体的活动无从谈市场经济。国内经济主体定义阐释上以改革开放为节点，认为经济主体从公有制又一次走向多样化。经济主体一般性定义中强调经济主体在追求经济活动中能自主设计目标、自由选择行为方式、独立负责行为后果等自主性方面。经济主体从宏观角度分为政府、企业、个人三类，从微观角度分为企业、农户和居民。经济主体可被理解为市场经济活动的参与者（贾华强，2013）。③ 在市场经济活动中农民既是生产者、经营者，同时也是消费者，他们是农村市场经

---

① ［美］维托·坦茨.政府与市场：变革中的政府职能［M］.王宇等译.北京：商务印书馆，2016：339-369.

② 朱民，周弘，［德］拉斯·P.菲尔德，彼得·荣根.社会市场经济：兼容个人、市场、社会和国家［M］.北京：中信出版社，2019：171-177.

③ 贾华强.中国如何实现持续繁荣的市场经济——以经济主体多样性为视角的分析［J］.人民论坛·学术前沿，2013（2）：28-35.

济中最基本的市场主体（崔继云，1995）。①社会主义市场经济下的基层社会农牧民群体是随着农村改革与城市改革、国内市场与国外市场的接轨，从几千年小农经济/游牧牧业经济和几十年的计划经济格局中脱胎出来的市场主体。正因为如此，自形成之日起该经济主体便有着一定的局限性：主体规模小且分散、产业化程度低、活动空间狭窄、缺乏主体之间的关联性、科技素质有待提高等（董克礼，1995）。②

农牧民经济主体所呈现的局限性始终要求国家、社会对于该群体的投入与培育。董克礼（1995）提出的观点是"专业化规模型"③、宋新亮（2005）提出的"加强科技素质"④主要是被强调的需加强培育的部分。尤其探讨"三农/牧"问题时，农牧民从市场经济的弱势群体转为强势主体的可能性被视为解决问题的出口（邱力生，2004）。⑤伴随信息技术的发展涌现了不同于国营、集体经营经济主体和企业经济主体的第三种经济主体——利用互联网形成的新经济体（常青，2022）。⑥孙明（2023）从经济法角度结合乡村振兴认为通过经济法社会整体利益的基本价值理念得以发挥，能在很大程度上促使更多优质资源流向乡村主体，使其获取更多的经济利益，摆脱弱势处境，而在此过程中明确经济主体的市场主体及其地位并规范其权利是提高经济主体的市场参与度、完成转变的关键。⑦

综上所述，在新时代，农牧民参与市场经济活动的主动性是他们内化经济社会发展展现出的阶段性的特征。在以往的研究中，对牧区、牧民基层社会的研究少于农区，在时间上也会略显滞后。牧民经济主体的相关研

---

①　崔继云.对农村市场经济中市场主体的再认识［J］.农业经济，1995（3）：24-25.

②③　董克礼.在更高层次上培育农村市场经济新主体［J］.新长征，1995（3）：28-29.

④宋新亮.政府的宏观调控与农民的市场经济主体地位［J］.黑龙江教育学院学报，2005（3）：13-14.

⑤　邱力生."三农"问题的出路在于使农民成为市场经济的强势主体［A］//全国高校社会主义经济理论与实践研讨会领导小组.当代中国经济问题探索（上册）［C］.全国高校社会主义经济理论与实践研讨会领导小组：中国人民大学中国经济改革与发展研究院，2004.

⑥　常青.习近平"不能回到计划经济的老路上去"的财产哲学基础［J］.湖北经济学院学报（人文社会科学版），2022，19（2）：4-8.

⑦　孙明.乡村振兴视域下农民法治信仰生成机制研究［J］.鲁东大学学报（哲学社会科学版），2023，40（3）：28-35.

究在以往牧区研究中较为分散，加之内蒙古自治区市场经济发展缓慢，牧民经济活动的新特点还未被赋予当下的重要意义。牧区基层社会出现频繁的城镇与村落之间的人员流动的情况使笔者的研究从文化交流转向牧民经济活动。从市场经济主体的角度探讨流动性更具有现实意义。政府与市场、生态与人文对牧民自主经济主体的培育有着直接的规定性，是必须加以系统思考的整体性内容。以农牧民的日常生计为导向的行为包含了以生产、制作、销售和消费为目的的，不同地区的基层社会调查说明，经济政策实践最终是在基层社会空间内得以落实的，如同"社会市场经济"所提竞争性基础上的调控，国家、地方、企业、集体和个体之间的各个经济主体之间的错综关联和技术支持、产业化是培育农牧民经济主体的重点研究领域。因此，探讨牧区发展离不开基层社会牧民及其家庭基本生计活动以及生产、生活观念的调查，同时为更好地阐释人的经济活动应当把重要的限制性条件明确考虑进来。而对于牧区来说，现阶段"双碳"目标的提出是继一系列生态政策之后，牧区发展必然在物理空间和社会空间上直面的内容。

第二节　理论框架

本书围绕"双碳"目标、牧区发展、牧民经济主体三个关键词展开研究。"双碳"目标与牧区发展之间的关系是新的研究角度，目前两者之间的互动处于国家、地方的规划方案之内，实施与实践层面还处于引导转变阶段。自 21 世纪初生态问题与牧区发展同行，在政策、制度上对两者之间的关系进行了协调和统筹。"双碳"目标在牧区发展话语内可作为继一系列草原生态保护方案之后更现实、更迫切的生态治理需求。本书对于内蒙古自治区在今后发展中如何寻求能源基地与生态屏障之间的平衡问题没有加以论证，而是把问题意识置于如何形成生态屏障的部分，主要从资源规定性谈实现"双碳"目标的空间需求及空间治理对实现碳汇的意义。

内蒙古自治区作为自然资源储量及能源输出基地的现实情况是"双碳"目标下需兼顾的部分。这不仅是资源规定中自然资源对人的社会的限定条件，也是牧区发展的生态背景，还是可持续发展所需的自然空间。在确立"双碳"目标为碳达峰后实现碳中和后，社会各项活动将遵循限制条件中的规定项目。应对生态问题的阶段同解决"三农/牧"问题、以实现城镇化为目标的社会各项政策并行，尤其对于基层社会民众生活来讲，这是重叠的社会治理空间。本书第一章介绍了研究背景、目标、意义、方法以及本书涉及的社会调查概况。第二章基于研究主题从不同角度梳理了前人研究者对相关主题的主要观点。第三章至第五章基于内蒙古自治区自然资源分布和利用特点说明在牧区发展的进程中生态治理政策、牧区发展与牧民生计之间的相互作用。在"双碳"目标下，牧区发展模式受到城镇化与市场经济的深刻影响并产生了较大的转变，进而改变了牧区整体的形态，从城乡二元结构进入了城镇与牧业村落、社区之间互动的模式。从社区角度这一互动模式被归纳为"城—牧互动社区"，但在社会流动性愈加频繁的情况下，市场经济促成的牧民经济活动更多是对社区界线的模糊化。与有着明确边界意识的社区相比，有意愿跨越特定边界意识的"城—牧互动模式"更能贴切、客观地形容现有的牧业社会形态。

内蒙古牧区发展模式转型说明了社会治理过程的重叠性。第五章至第六章城—牧互动模式进一步说明的即为社会治理空间和人群上的重叠性。该重叠性在第七章和第八章的多个案例中也被加以解释。在此需要再一次提出系统性与整体性的理论思路。系统与整体的构想是能够让考虑的问题变得细致而周全，同时也会引起对系统与整体割裂在外的部分的关注。社会治理过程作为国家意志的主要体现方式，会通过多个渠道间接地作用于基层社会。因此，在牧区发展相关研究既是政治学、经济学也是生态学、民族学和社会学等学科的研究领域。目前在本书中注意到的重叠性集中在生态保护、城镇化、市场经济与人口流动下呈现的牧区发展实践，与此相对应的是在实践过程中以"三农/牧"问题为抓手的新型城镇化、以生态可持续为目标的社会、以自然空间的互动以及以发展为导向的牧民生计模式的转变。

自主经济主体是大环境的产物，尤其细究微观社会环境中的不同经济循环及经济主体之间的区别时，地域自然资源、社会文化资源促成的经济活动是千差万别的，承担经济活动的主体实践过程是有着实际的区别的。微观经济学领域考察牧民自主经济主体，更像是在记录和呈现基层生计活动轨迹，进而试着探讨其阶段性的特征，找出引导与促进的路径与方法。

第三章

"双碳"目标与内蒙古自然资源

第一节 人与自然关系的限定

"气候"议题随着自然异常现象的频繁化备受全球关注。在社会科学领域，研究者将气候议题作为重新审视人类社会与自然之间关系的契机，反思人与自然之间的互动过程。环境史将此议题变得较为系统，并使历史研究延展到了更广阔的范围。清华大学梅雪芹教授（2022）系统介绍了有关环境史的研究情况。梅教授在文章中讲到环境史范式时指出："环境史学者从事历史研究时遵循的基本理论、方法及其探究的基本主题，即以生态学为基本理论，以生态分析为基本方法，以'历史上的人与自然'为核心和主线，从全方位、多角度研究人与自然之关系的生成和变迁以及人与自然共同作用下的历史运动。"[①]在此范式下，从源头上对人与自然的关系进行反思，力求历史叙事不再以人类为中心，而是以围绕人与自然关系的历史过程为主线，从新的角度研究历史过程及现象。在环境人类学研究下，人与自然是不可分割的命运共同体。气候是人类社会赖以生存的基本环境条件之一，全球变暖的趋势作为人类面临的最大的气候问题，让世界各国再一次认识到"全球化"与"人类共同的命运"的迫切性，进而直面大自然的警告，

---

① 梅雪芹. 在中国近代史研究中增添环境史范式［J］. 近代史研究，2022（2）：10-13.

将直接关系到气候变暖的"减碳"作为时代性的任务要求落实到各国国家议事日程以及发展规划之中。

对气候关注度的提升,使气候问题超出了自然或社会科学研究范围,成为政治的、关系到全球社会经济活动的重要议题。自 2016 年中国政府签署《巴黎协定》以来,有条不紊地落实"降碳"计划。2020 年 10 月 29 日中国共产党第十九届中央委员会第五次全体会议通过了《中共中央关于制定国民经济和社会发展第十四个五年规划和二〇三五年远景目标的建议》,"双碳"写入了"十四五"规划和 2035 年远景目标。[①] 在《中共中央 国务院关于完整准确全面贯彻新发展理念做好碳达峰碳中和工作的意见》中将"双碳"提升到了重大战略高度,开篇即述"实现碳达峰、碳中和,是以习近平同志为核心的党中央统筹国内国际两个大局作出的重大战略决策,是着力解决资源环境约束突出问题、实现中华民族永续发展的必然选择,是构建人类命运共同体的庄严承诺。"[②] 中国政府在做出承诺和规划的同时对国内现有实现"碳中和"目标的基础加以论证,认为国家综合实力允许对国民经济结构调整和能源转型,能够负担经济结构调整和能源转型的代价。"碳中和"的时间跨度,与中国 2035 年基本实现社会主义现代化、到 2050 年建成社会主义现代化强国的奋斗目标的时间段相平行。在技术的支撑方面,绿色、新能源技术依靠国内装备制造能力及超大规模市场优势能够掌握核心技术和关键产业链优势。同时中国具有实现"碳中和"目标的体制优势,主要体现在随着国内经济社会的发展进步,环境保护和生态文明建设越来越受到重视,"绿水青山就是金山银山"理念日益深入人心;前期碳减排工作取得成效,社会普遍认识到了碳减排与经济增长并不是相悖的;社会主义制度拥有集中力量办大事的优势,有利于调动各方面的积极性、主动性和创造性,为"碳中和"目标的实现注入强大动力。[③] "双碳"任务的紧迫性和必要性引起了学术研究领域的广泛关注,形成了一系列的前沿文章,并

---

① http://www.gov.cn/xinwen/2020–11/03/content_5556991.htm,2022 年 10 月。

② http://www.gov.cn/xinwen/2021–10/24/content_5644613.htm,2022 年 10 月。

③ 该段内容根据"如期实现'碳中和'具备良好基础"一文综合叙述,原文见 http://www.gov.cn/xinwen/2021–03/18/content_5593611.htm,2022 年 10 月。

对如何理解、如何实现、如何制定、如何量化等问题提出了有益的见解，薛进军和郭琳（2022）①、陈云（2022）②、郭丽春和易信（2022）③、李军刚等（2022）④、钟茂初（2022）⑤等的相关研究中均有论述。

第二节 "双碳"相关概念梳理

"碳达峰""碳中和"，简称"双碳"。"双碳"目标，指中国力争于2030年前二氧化碳排放达到峰值、2060年前实现碳中和。⑥碳达峰和碳中和是具有时间节点的降碳计划。张宁（2021）在其文中概括"所谓碳中和，就是指人为排放的二氧化碳（化石燃料利用和土地利用），被人为努力（木材蓄积量、土壤有机碳、工程封存等）和自然过程（海洋吸收、侵蚀—沉积过程的碳埋藏、碱性土壤的固碳等）所吸收。⑦在此定义中重点从"碳中和"的实现路径入手介绍了二氧化碳被吸收的方式，其中人为的部分关系到了城市建设、农林作业等生产基础领域。

薛进军和郭琳（2022）对"碳中和"做出了更详细的解释，认为"碳

① 薛进军，郭琳.科学认识气候变化，合理制定碳达峰碳中和的路线图和时间表［J］.华中科技大学学报（社会科学版），2022，36（5）：38-45.

② 陈云.全球气候变化背景下"双碳"战略与经济发展对立论的批判及其重构［J］.当代经济管理，2022（8）：1-12.

③ 郭春丽，易信."双碳"目标下的中国经济增长：影响机制、趋势特征及对策建议［J］.经济学家，2022（7）：24-33.

④ 李军刚，毛心怡，何桂敏.习近平关于实现碳达峰碳中和的重要论述及其时代价值［J］.中南林业科技大学学报（社会科学版），2022，16（3）：1-7，24.

⑤ 钟茂初."双碳"目标有效路径及误区的理论分析［J］.中国地质大学学报（社会科学版），2022（1）：10-21.

⑥ 习近平.习近平谈治国理政（第四卷）［M］.北京：外文出版社，2022：375.

⑦ 张宁."双碳"目标下黄河流域生态保护和高质量发展路径及政策设计——在第五届鲁青论坛"黄河流域碳达峰与碳中和路径高峰论坛"上的发言［J］.青海师范大学学报（社会科学版），2021（4）：13-17.

中和 = 碳减排 + 经济增长与碳脱钩 + 可再生能源为主体能源 + 负碳技术 + 碳抵消；碳抵消 = 碳捕捉和再利用 + 森林碳汇 + 甲烷减排"。该文中对上述公式有更进一步的解释，"实现碳中和，需要在能源、交通、建筑、工业、农业等领域全面减排，通过负碳技术创新和管理机制创新实现 GDP 增长和碳排放脱钩，大力发展可再生能源替代化石能源，实现能源结构向以可再生能源为主体的能源转型；与此同时，还必须采用碳捕捉和再利用技术，增加森林碳汇，发展低碳农林业和减少农业等生产过程中的甲烷等方式来抵消新增的碳排放"。一方面，在生产、消费过程中实现技术性降碳；另一方面，增加碳汇方式，并在文中加以说明，"碳中和不是说到了 2030 年就完全不使用化石能源了，也不用消费煤炭了，届时就不会或者没有碳排放了，而是指新增的碳排放必须被负碳技术抵消掉，以实现净零排放"。[①]

气候的"问题"在"双碳"背景下可以理解为限期内为地球降温的过程。地球温度越高，人类生存环境变得越艰难，人类社会所追求的繁荣发展也会止步不前。于是寻找降温的方法首先从那些助长温度的因素开始着手。比尔·盖茨（2021）在书中给出源自人类活动的温室气体排放比重表，其中，列出的五个类别分别是：①生产和制造（水泥、钢、塑料）31%；②电力生产与存储（电力）27%；③种植和养殖（植物、动物）19%；④交通运输（飞机、卡车、货船）16%；⑤取暖和制冷（供暖系统、冷却系统、制冷系统）7%。[②] 人的衣食住行每一项维持生活常态的活动都在排放温室气体。

在上述概念中出现了碳吸收、负碳技术、碳抵消等表述，虽然表达上各有其着重，但其中统一指向的内容是碳汇。通过植树造林、植被恢复、耕地固碳等措施吸收大气中的二氧化碳，从而降低温室气体浓度是实现碳汇的有效途径。实现"双碳"目标在不同的解释中集中在两个方面：减少碳排放和增加碳汇。两者都关系到城镇化进程中的人的社会生产生活的技术改造、升级以及原有生计模式的转变。张宁（2021）谈到二氧化碳排放时指出：

---

① 薛进军，郭琳.科学认识气候变化，合理制定碳达峰碳中和的路线图和时间表［J］.华中科技大学学报（社会科学版），2022，36（5）：42.

② 比尔·盖茨.气候经济与人类未来：比尔·盖茨给世界的解决方案［M］.陈召强译.北京：中信出版社，2021：55.

"主要包括化石燃料燃烧和土地利用两个方面,前者贡献比重超过80%;吸收端即吸收和储存二氧化碳,主要包括人为努力和自然过程两个方面,大气、陆地、海洋都可以吸收和储存二氧化碳,成为碳汇。"[①]虽然"碳汇"在概念层次上较容易解释,但转移到实践阶段时则会面临许多复杂问题。"碳汇"不仅关系到森林、海洋、江河、草地以及农田的再利用,同时也是综合性的社会治理过程,其中"再利用"意味着,在社会层面,人的日常生活各方面要转变,是人们对发展理念到生活观念的重新解释和付诸行动的过程。

第三节 内蒙古资源构成与碳汇[②]

内蒙古自治区位于北纬37°24′~53°23′、东经97°12′~126°04′,东、西直线距离约2400千米,南、北跨距约1700千米,总面积118.3万平方千米,约占中国国土面积的12.3%。内蒙古自治区东与黑龙江省、吉林省、辽宁省接壤,西与甘肃省、宁夏回族自治区毗邻,南与河北省、山西省、陕西省相连,北与蒙古国和俄罗斯交界,国境线长4221千米。内蒙古自治区现设有呼和浩特市、包头市、乌海市、赤峰市、通辽市、鄂尔多斯市、呼伦贝尔市、乌兰察布市、巴彦淖尔市9个市,锡林郭勒盟、兴安盟、阿拉善盟3个盟,另外,有满洲里、二连浩特2个计划单列市。通常内蒙古自治区被划分为东部地区和西部地区:东部地区包括呼伦贝尔市、通辽市、赤峰市、兴安盟、锡林郭勒盟;西部地区包括呼和浩特市、包头市、乌兰察布市、鄂尔多斯市、巴彦淖尔市、乌海市、阿拉善盟。

根据国家整体规划,内蒙古自治区是国家重要的能源基地,国家五大综

---

① 张宁."双碳"目标下黄河流域生态保护和高质量发展路径及政策设计——在第五届鲁青论坛"黄河流域碳达峰与碳中和路径高峰论坛"上的发言[J].青海师范大学学报(社会科学版),2021(4):12.

② 此节内容数据、资料为关于内蒙古自治区一般情况介绍,内容主要参考了内蒙古自治区人民政府网"区情概况"https://www.nmg.gov.cn/asnmg/yxnmg/qqgk/(2022年10月14日搜索)和朱守先,张月峰,高国,杜国义等.内蒙古能源"双控"与"双碳"目标协同效应研究[M].北京:中国社会科学出版社,2022.

合能源基地[①]内蒙古自治区占两处，即"鄂尔多斯盆地"和"内蒙古东部地区"。内蒙古自治区成矿地质条件优越，矿产资源丰富，西部地区富集铜、铅锌、铁、稀土、黄金等矿产；东部地区富集银、铅锌、铜、锡、稀有、稀散金属元素矿产；能源矿产资源遍布12个盟市，主要集中在鄂尔多斯盆地、二连盆地（群）、海拉尔盆地群。包头市白云鄂博矿山是世界上最大的稀土矿山。2021年，内蒙古自治区原煤产量、发电装机容量、新能源装机容量位居全国第一。内蒙古自治区外送煤炭量、外送电量居全国首位，但其背后也伴随着能耗总量高、能源结构偏重煤炭的问题。

从"十三五"期间的情况来看，内蒙古自治区在降碳方面面临单位GDP能耗降幅小、产业结构不够合理、技术转型难度大的实际问题，继而在"十四五"期间进入了产业转型压力阶段。但作为外送电大区，内蒙古自治区是全国电力能源主要保障区域之一，这一"角色"不会一时间改变。内蒙古自治区是典型的能源输出地区，其作为国家综合能源基地的战略地位不能替代。同时，自2021年以来在"双碳"目标约束下，内蒙古自治区在能源基地和节能减排工作的平衡上面临着巨大压力。

内蒙古自治区除具有富饶的矿产资源外，森林、草原、湖泊资源也较为丰富，被视为中国北方重要的生态安全屏障。从东到西分布有大兴安岭原始林区和11片次生林区（大兴安岭南部山地、宝格达山、迪彦庙、罕山、克什克腾、茅荆坝、大青山、蛮汉山、乌拉山、贺兰山、额济纳次生林区），以及长期建设形成的人工林区。内蒙古自治区河流、湖泊、湿地资源丰富，其中，流域面积在1000平方千米以上的河流有107条；流域面积大于300平方千米的有258条。有近千个大小湖泊。全区地表水资源为406.60亿立方米，地下水资源为139.35亿立方米，水资源总量为545.95亿立方米，占全国水资源总量的1.92%。全区湿地面积380.94万公顷，包括5个二级地类，其中，森林沼泽70.17万公顷，占18.42%；灌丛沼泽21.48万公顷，占5.64%；沼泽草地183.66万公顷，占48.21%；内陆滩涂93.81万公顷，占24.63%；沼泽地11.82万公顷，占3.10%。

---

① 国家能源发展"十三五"规划综合能源基地建设工程建设山西、鄂尔多斯盆地、内蒙古东部地区、西南地区和新疆为五大国家综合能源基地。

森林、草原、湖海、湿地等自然资源是天然的碳汇载体[①]。虽然现阶段内蒙古自治区在"双碳"工作中面临较大的转变难度，但还需要顾及能源输出及自然资源利用时的碳排放空间。目前阶段在能源输出、保障方面的碳排放没有太多可替代的方案，能够有效人为控制的部分主要集中在通过自然载体增加碳汇部分。因此内蒙古自治区在原有生态保护、可持续发展工作基础上，结合新型城镇化在森林、草原、农田面积及作业方式上增加碳汇的可能，可以说这是较为可行的措施。这一转变趋势也意味着持续鼓励牧区人口在城镇之内集中，以扩大草原区域生态功能，降低人口、畜群的承载量。这也是20世纪末生态问题获得世界性的关注、"双碳"概念走入国家战略、实施相关政策而产生的必然结果，今后会更深刻地影响到各行各业行业规范及人们的理念、生计、消费模式。

地方政府作为"双碳"目标的执行主体，国家政策的执行关乎降碳实际成效。"十三五"规划之后包括内蒙古自治区在内的多省（区、市）均存在产业结构转型、"高碳"能源禀赋高、再生能源发展速度慢以及能源体制、政策障碍等实际情况。内蒙古自治区作为能源和战略资源基地与生态功能大区，在碳的问题上有着双重且相抵消的定位，"双碳"工作面临转型压力大、能源资源供应负担重、缺乏相应技术人才等一系列问题。

本章小结

在"双碳"背景下，内蒙古自治区草原区域经历着同一自然、社会空间内的重叠治理过程。关于环境与人类社会关系的议题早已随着全球生态关注的热度在不同的学科领域开启了专门的研究，如环境史门类下的系统性的阐述。气候变暖的趋势让世界各国再一次认识到"全球化"与"人类共同的命运"的必要性，"减碳"成为各国国家议事日程以及发展规划中的重

---

① 目前除了森林以外的其他自然载体的碳汇功能还未得到一致结论。本书中不涉及碳汇具体计算，主要从碳汇对空间的需求谈社会政策的协调与组合。

要组成部分,并随气候问题的关注度的提高,气候问题研究本身在发生变化,其相关研究范围超出了自然科学,渗透到了政治、经济、社会日常性的规范之中。中国政府自 2016 年签署《巴黎协定》以来,有条不紊地落实"降碳"计划。2020 年 10 月 29 日中国共产党第十九届中央委员会第五次全体会议通过了《中共中央关于制定国民经济和社会发展第十四个五年规划和二〇三五年远景目标的建议》,再一次明确了降碳决心与日程。

内蒙古自治区拥有丰富的森林、草原、湖泊资源,被视为中国北方重要的生态安全屏障,同时内蒙古自治区拥有富饶的能源资源,也是北方重要的能源保障地。内蒙古自治区作为能源和战略资源基地,使区内"双碳"工作面临转型压力大、能源资源供应负担重、缺乏相应技术人才等一系列问题。地方政府作为"双碳"目标的执行主体,对中央政策的执行关乎降碳实际成效。因此,未来几十年内蒙古自治区地方政府在降碳与能源保障之间的协调,关系到区域性社会政策的成绩。基于生态保护、可持续发展工作基础,结合新型城镇化在森林、草原、农田面积及作业方式上扩大增加碳汇的可能,对于未来的内蒙古来讲可以说是较为可行的路径。这一过程中持续通过牧区人口在城镇之内集中空出更多的草原,降低草原区域人口、畜群的承载量。20 世纪末生态问题成为制定国家政策的重要依据,就如"双碳"概念走入国家战略、政策,今后以降碳为目标的社会政策将持续规范社会各个领域人们的理念、生计、消费模式。

第四章

"双碳"目标下的牧区发展与牧民生计

内蒙古自治区草原生态问题层出的时间段是 20 世纪 90 年代末,旱灾、蝗灾及频繁的沙尘暴引起了国内、国际广泛关注。2003 年新的《中华人民共和国草原法》强调草原保护,明确了草原概念,并强化系统协调草原及利用群体的关系力度。包智明和任国英(2011)的研究认为,生态脆弱区的保护以草定畜、舍饲圈养、退牧还草、退耕还草及生态移民等政策形式推进,其实施过程推进了区域性的人口流动、生计转变及文化变迁。有学者在研究生态移民时将其分析为这一过程是生态保护和可持续发展的措施,是国家现代化建设中边疆、少数民族地区发展进程,同时也是国家力量介入地方社区的过程①。到了 21 世纪初,生态及人文的综合治理进程是持续性的,因此把内蒙古自治区"双碳"实践路径也应当视为其时空重叠的多重治理的复合进程。

在宏大的发展议题下,可以从不同的角度去"发现"发展的事实,以可持续、生态保护、"双碳"目标为导向的社会发展对牧业区域的生计模式影响是深远的。在关注自然承受能力的十几年间,以草原为生计基础的人群的生活各方面,在社会政策、市场经济的推力下发生了实质性的改变。其"质"涉及了区域性的社会生活理念、生计结构等关键性的部分。本章包含牧区发展模式转型、草原资源可持续发展、牧区城镇化特征、城镇与牧

---

① 包智明,任国英.内蒙古生态移民研究[M].北京:中央民族大学出版社,2011.

业村落人口双向流动四个方面。本章内容在对内蒙古牧区现状介绍基础上，探讨"双碳"目标下协调牧区资源的多重利用及牧区发展转型，厘清牧区资源利用过程中牧民生计、碳汇空间及新型城镇化之间的相互关系。

第一节　牧区发展模式转型

在教育部人文社会科学重点研究基地重大项目《内蒙古草原畜牧业的可持续发展》（2001—2005）一书中将牧区发展作为蒙古学的一个重大研究领域对内蒙古牧区社会发展进行了广泛的、系统的调查。"草原畜牧业可持续发展"是其中的重要研究内容，"可持续发展"的议题源自联合国环境与发展大会（UNCED）向第 42 届联合国大会提交的"我们共同的未来"（Our Common Future）报告中的核心观点。在此议题下，草原是否能够常绿，草原畜牧业能否持续发展成为首要的关注点。现如今，"常绿"与否的问题需要在"双碳"背景下去深入考虑。从可持续发展的议题到"双碳"目标，加以限定的不只是时间跨度，更重要的是人对"可持续"的理性、更具体化的认识态度。"双碳"目标下的草原"常绿"仍然是现阶段探讨牧区发展的基础内容，也是如何全面理解牧区城镇化以及如何认识牧区城镇化基本路径的必要前提。

长久以来，学术界对于"草原"概念的使用上多有界定。对于地理学、草地学、生态学等学科，草原是基础研究对象；对于经济学、民族学、人类学等学科，草地被视为载体，研究重点集中在以草原为媒介的生计模式之上。因此，当"牧区"变成包含生计信息的区域性的称谓时，研究对象涉及社区、生计模式、文化特征及本土知识等多个方面。草原是此类学科相关领域最为基础的研究起点，是最终左右牧区人口未来生计、生活趋向的重要的自然资源和载体。

同时，现阶段牧区发展转型也是对长期以来的"三农／牧"问题的深入研究。在类别上"牧区"属于农村地区，随着"三农"问题的提出，"三牧"问题也相继被关注。改革开放前，中国农村最大的问题是解决农民的温饱问题;农村全面推行土地家庭承包责任制后,温饱问题随之解决。工业化、城镇化和城镇一体化是伴随改革开放的深入而逐步展开的全局性社会举措。改革开放后,加快城镇化是引出"三农"问题的前提。在改革开放初期中国农村和农民群体中逐渐出现了贫富差距、农民工权益、村落空壳化、土地抛荒、土地碎片化、留守儿童、农村养老等一系列社会问题。这些问题都是与"三农"问题相关的社会研究领域所关注的内容。"三牧"问题与"三农"问题相比在人群范围、地域、文化以及民族身份上都有其自身的特别之处,但两者在面临的一系列社会问题之上是有着共性的。

《中共中央 国务院关于推进社会主义新农村建设的若干意见》(2006)中提出,在科学发展观的指导下建设社会主义新农村,这是建设社会主义新农村的一个重要行动纲领,从推进新农村建设入手,强化对"三农"领域的全方位支持,以人为本,从乡风村容、社会文化事业以及民主管理等方面"多管齐下",全面求解建设新农村的实践路径。"新农村"的"新"体现在"三农"全领域,对农业、农村、农民的政策性支持涵盖了共同富裕目标所包含的具体要求,还须达到改革开放的成果要惠及全体人民的发展预设。该文件精神成为新农、牧村建设的重要依据,盖志毅(2011)在牧区研究课题中专门提出"新牧区建设",认为新牧区建设与新农村建设之间既有共性亦有个性,因此在牧区进行"三农"相关规划,执行"三农"相关政策时需根据牧区特点有所调整,同时对牧区、牧民进行深入调查了解以便更快更好地解决"三牧"问题。[①]

牧区发展模式的转型是中国社会发展的多方综合效应的体现。在"新发展观"下牧区迎来了"新"的阶段,而现阶段其发展则需要置于"双碳"背景下继续探讨,草原生态可持续、草原生计可持续和草原对碳中和的贡献是今后发展议题中的重要指标。无论是从草原还是从经营草原的人群角度,牧区以草原和草原畜牧业为前提的基本条件没有改变。从生态角度来讲,草原占中国国土面积的40%,不仅是主要江河的发源地和水源涵养区,也是以畜牧为生计的牧业人群赖以生存的基本生产资料。当在经济贡献率中

---

① 盖志毅.新牧区建设与牧区政策调整:以内蒙古为例〔M〕.沈阳:辽宁民族出版社,2011:1-30.

加入生态价值时，以草原为依托的牧区对于经济总量的贡献率是无法衡量的，尤其在碳中和空间的争取上，因此，牧区在全国经济社会发展大局中占有重要的战略地位。

第二节　内蒙古草原资源与牧业可持续发展

内蒙古自治区草原资源丰富，约有8670万公顷（13亿亩），其中，可利用草原10亿多亩。这些草原大部分主要分布在33个牧区旗县，少部分分布在21个半农半牧旗县，农区旗县也保留了小片草原（额尔敦布和等，2011）。[①]从地域行政区划上内蒙古可利用的10亿亩草场绝大多数是隶属于牧业旗县，在12个盟市中，除呼和浩特市、乌海市外其他盟市都有各自隶属的草原区域，其中牧业旗的草原面积达到了6321.34万公顷[②]。

草原畜牧业一般被理解为"在草原上进行的粗放式食草家畜生产"[③]。更为精确的定义为"草原畜牧业是人类以草原为基地，主要采取放牧方式饲养牲畜，以取得畜产品为目的的生产活动。"根据该作者观点，草原畜牧业首先是时空上区别于游牧业，其次是突出了"单个牧民在经营较大面积草原的条件下，能够获取相当低成本的畜产品来发展自己的同时，还能保护草原，使草原能够长期持续发挥生态功能"（额尔敦布和等，2011）。[④]在通

---

① 额尔敦布和等.内蒙古草原畜牧业的可持续发展［M］.呼和浩特：内蒙古大学出版社,2011：7.

② 呼伦贝尔市4个牧业旗，草原面积685.36万公顷；兴安盟1个牧业旗，草原面积59.3万公顷；锡林郭勒盟9个牧业旗，草原面积1878.41万公顷；赤峰市5个牧业旗，草原面积479.02万公顷；鄂尔多斯市4个牧业旗，草原面积445.44万公顷；阿拉善盟3个牧业旗，草原面积1753.47万公顷；通辽市3个牧业旗，草原面积203.73万公顷；巴音淖尔市2个牧业旗，草原面积436.6万公顷；乌兰察布市1个牧业旗，草原面积214.27万公顷；包头市1个牧业旗，草原面积165.74万公顷。额尔敦布和等.内蒙古草原畜牧业的可持续发展［M］.呼和浩特：内蒙古大学出版社，2011：19-20.

③ 2008年世界草地与草原大会翻译小组译.牧区管理：核心概念注释［M］.北京：科学出版社，2008：65.

④ 额尔敦布和等.内蒙古草原畜牧业的可持续发展［M］.呼和浩特：内蒙古大学出版社,2011：6.

常的意义上，畜牧业被认为是以植物产品为饲料，利用动物消化合成作用转化为供给人的需求的肉、蛋、奶、皮、毛等动物性产品的整个过程。对于草原畜牧业的理解中主要是以畜牧业为基础对草原的利用，在不同的年代草原利用方式上有所区别，因此，在文献中常常以草原利用模式为基础区分出不同的历史阶段，游牧一般被认为是早期的形式。从20世纪中期开始基于游牧利用草场的模式逐渐改变，到了21世纪初以内蒙古家庭为单位经营畜牧经济的情况普及，从利用草场的方式到畜群管理，饲养模式发生了较大的改变。畜牧业对于草的需求不再是基于游动，而是依靠贮草。

继草原畜牧业的概念之后，自2015年以来"草牧业"一词也被广泛应用，此概念是当年中央一号文件内的用词①。该新词汇是"草业"和"牧业"的组合，牧业一般意义上就是上文提到的以草为源的畜牧业。任继周（2015）在文章中特别提到了"草牧业"一词的来源同他本人观点的关系，并研究在中央一号文件的基础上结合该词上下文提出如下内容"加快发展草牧业，支持青贮玉米和苜蓿等饲草料种植，开展粮改饲和种养结合模式试点，促进粮食、经济作物、饲草料三元种植结构协调发展"。任继周在其文章中对该词含义进一步解释："在18亿亩耕地红线以内可种植玉米、苜蓿等饲用作物，给草业在农耕地区发展开了绿灯，也为农业结构调整提供了新机遇，而调结构正是党的十八大以来大国崛起的重大步骤。支持农区的草业，自然含有在农耕地区发展牧业，尤其草食家畜，以带动全国的草业和牧业的含义。"②之后有学者结合相关文献认为"草牧业是草业和草食畜牧业的总称"。认为该词对草和牧并重考虑，改变了长期以来人们以草为农副产品和畜牧业的附属品的习惯性了解，直接表明了草业和牧业的协同地位，并厘清了草和畜产业关系。③也有学者做出了更多的解释，认为草牧业是"基于可持续科学理念，集成现代科学成果与高新技术，通过科学规划、合理布局、精细管理，发展集约化、规模化、专业化的人工草地，保障现

① 在任继周两篇文章中对"草牧业"一词的形成都有介绍。任继周.我对"草牧业"一词的初步理解［J］.草业科学，2015，32（5）：710；任继周.几个专业词汇的界定、浅析及其相关说明［J］.草业学报，2015，24（6）：1-4.

② 任继周.我对"草牧业"一词的初步理解［J］.草业科学，2015，32（5）710.

③ 全国畜牧总站.草牧业经济发展的体制与机制研究［M］.北京：中国农业出版社，2021：5.

代化畜牧业生产出绿色、优质、安全的畜产品；同时根据地区特点，发展特色种植、特色养殖，并对其他大面积的天然草地进行保护、恢复和适度利用，开展草原文化旅游，提升其生态全面协调发展"（仇焕广等，2021）。[①] 对于草牧业的解释，总体上是要求改变靠天保障草资源继而保障畜群的认识，而是将重点放在草的保障之上，摆脱依赖天然草原，稳定饲草来源基础上发展畜牧业。

从草原和畜牧业相关概念的发展脉络，能够捕捉对草原资源利用上较大的认识转变。人们认识变化的部分主要体现在以下两个方面：一是对发展理念本身的时代性的认识和阐释；二是自然环境与人类社会的有序互动。草原畜牧可持续发展再到草牧业可持续发展，时间跨度并不久远，但快速发展的社会生活、全球经济网络、科技日新月异等因素促使现代化迅速席卷了中国村落社会。牧区生活条件的改变也促使生活其中的人们利用便利的条件，与以往不同的方式经营着生活。到 21 世纪人类社会的进程，使人类共同的家园面临气候、生态危机，此时牧区的发展也将面对以降碳为首要条件的发展要求。不管关于草原利用的概念如何变化，在社会生活领域发展通过人的生活过程体现，在人类赖以生存的自然环境内持续。在牧区自然—草原—畜群—人之间的关系不管在何种概念体系里均为基本要素。当面临人类共同的命运议题时，人同人类所经营的畜群要做出让步，也因此如今内蒙古牧区可持续发展需要跳出草原畜牧业概念框架，将双碳与草原可持续、人为因素、城镇化关联起来，从草牧业的概念角度重新思考以牧业为主的生计模式的转变，需将牧业的发展放在更大的整体内考虑。

第三节　牧区城镇化与"双碳"目标

畜牧业与草原、草之间的关系定义了当前的牧区生计基础。在牧区城镇

[①] 仇焕广，冯晓龙，苏柳方，唐建军.中国草牧业可持续发展：政策演变与实现路径 [M].北京：经济科学出版社，2021：1.

化的框架下，市民和牧民之间的身份转换是系统工程。在不同的政策实施角度下对于城镇与牧业村落之间的人员往来关系侧重点有所不同。在政策实施的各层级内，问题的重点也有所不同。国家重大策略需通过具体的不同层级的政策得以实现。因此，在国家策略的执行层级上，城镇化、草牧业、牧区现代化之间虽然属于不同治理领域，但相互之间是互补协调的关系。

牧区城镇化是"三农/牧"问题的主要抓手，也是生态可持续发展系列政策实施以来相伴随的社会常态。在"双碳"背景下，牧区城镇化主要涉及的两大宏观层面的规划：一是碳汇转换；二是新牧区建设。从生活角度两者处于统筹兼顾的关系，虽然"双碳"目标在社会生活领域中还在全力推进的阶段，但作为大背景已经明显地影响到了牧民生活、牧区生计活动。随着2002年国务院《关于加强草原保护与建设的若干意见》的颁布，生态补偿机制进入了实际操作阶段。生态补偿以保护和可持续利用草原生态系统，统筹生态价值与当地群体经济利益为出发点建立了草原生态保护补助奖励机制，其主要行动为转移生态承载力之外的人口，使草原得以休养生息。转移出去的原牧业人口集中到了周边城镇，他们在政府引导下完成身份和生计转型。在此机制下转移出去的人口面临身份的转变，从农/牧村人口到城镇人口。进城后人员居住及部分生计所需的生产资料在政府帮扶下迅速积累并获得了基础生活资料，在生计技能上也通过集中政府牵头的不同培训项目使个人获得了一定的技能提升，初步完成了进入城镇后的落脚、过渡阶段。通过这一系列过程，进城的牧业人口在身份的转变上完成了基础部分，即获得了城镇常住人口的居住资格及基本生活保障。但在生计上的完全转型所面临的难点则需要用更长时间来过渡，这一点需要对进入的城镇人口进行长时间的调查之后才有可能做出总体评价。实现生计转变才是真正考验两大宏观规划的关键点。其实际情况因地区而有所不同，在实施过程中会遇到不少具体的问题。在以身份转变为导向的生计转变活动中呈现的较为普遍的是多数转移的人群成为城镇和牧区之间的"两栖人"。也就是进城的牧业人口无法完全脱离原有的牧业生计模式，原有牧村所能供给的生活资源仍然是支持他们城镇生活可持续的主要保障之一。

时间进入21世纪第二个十年，牧区的地域、人口在国家框架内被给予了更多维度的考量机会。牧区城镇化与"双碳"目标之间的不解之缘源自碳中和所需自然空间的需要。当前牧区新型城镇化工程涉及该区域各个方面，大到区域性的政策、经济活动规范，小到区域人口的衣食住行。再到把新型城镇化置于迫切的"双碳"目标时间表之下时，落实碳中和所需空间显得更加紧迫。在城镇化的规划和人们的日常活动中如何嵌入实现更多降碳、消碳及促成碳汇的种种可能成为挑战新型城镇化的一个全新维度。

在草地科学领域以数据、模型的形式对此空间有计算[①]，同时在相关文章中指出："草地科学的永恒主题是符合生态生产能力原则的科学管理。""笔者不得不遗憾地说，本书研究尚未能涉及草原生态系统的次级生产的碳汇潜力。这是因为有关草地生态系统次级生产的数据库，无论在我国还是全球，都还很不完备。如不同草原类型的季节营养动态、草地与动物种类的耦合、草原管理方式等诸多因素，在草地—家畜—人居系统研究领域还很不充分，这将是今后亟待开拓的重大领域。"（万里强等，2004）[②] 任继周（2015）所提出的"次级生产的碳汇潜力"则同草原利用系统过程的生产部分相关，上面引文中为此列举了"草原类型的季节营养动态、草地与动物种类的耦合、草原管理方式"等诸多因素。在社会科学牧区研究领域，任继周（2015）

① 任继周，梁天刚，林慧龙等.草地对全球气候变化的响应及其碳汇潜势研究［J］.草业学报，2011，20（2）：1-22.相关阐述如下"当前气候条件下中国的草地类型及其碳汇潜力全国潜在草地面积549.38万平方千米，其中冻原和高山草地大类的面积最大，为195.45万平方千米，占全国陆地面积的20.43%，主要分布在西藏（94.41万平方千米）、青海（49.13万平方千米）、新疆（32.11万平方千米）和四川（11.12万平方千米）。其次是冷荒漠草地大类，面积为123.21万平方千米，占全国陆地面积的13.15%，主要分布在新疆（84.26万平方千米）、内蒙古（18.70万平方千米）和甘肃（11.89万平方千米）。再次是温带湿润草地大类，面积为99.82万平方千米，主要分布在内蒙古（30.76万平方千米）和黑龙江（18.52万平方千米）。接下来依次为半荒漠草地和斯泰普草地，面积依次为76.19万平方千米和51.37万平方千米，分别占全国陆地面积的8.13%和5.48%。萨王纳和热荒漠草地大类面积最小，分别为2.54万平方千米和0.80万平方千米，仅占全国陆地面积的0.27%和0.09%，其中热荒漠草地大类几乎全部分布在新疆。综合全国草地类型和年碳汇潜力来看，我国草地的碳汇主体是冻原和高山草地、温带湿润草地、斯泰普草地和半荒漠草地大类，主要分布在内蒙古、西藏、青海、新疆、甘肃、四川和黑龙江。它们的面积和为469.85万平方千米，占全国潜在草地总面积的85.52%。年碳汇为721.3 TgC（百万吨碳），占全国潜在草地年碳汇的93.29%。特别需要说明的是尽管冷荒漠草地大类具有较大面积，但由于较低的年碳汇潜力，使其在草地类型中不构成主体部分"。

② 万里强，侯向阳，任继周.系统耦合理论在我国草地农业系统应用的研究［J］.中国生态农业学报，2004（1）：169.

文中的"次级生产"系统则常常被指为本土知识、牧业社区组织等，并形式相关研究范式，对牧区生态功能、生计模式及与此相协调的社会经济实践加以研究探讨。

在新型城镇化之下，城镇化既是经济发展的结果也是经济继续发展的动力，还是解决"三农""三牧"问题的重要路径。其"新"的阐释根据"以人为本"的宗旨，结合生态保护策略在不同区域的实施特色，首先，农牧村体现在将农村富余劳动力和农村人口向城镇转移，并推进在城镇人口的市民化；其次，"新"体现在城镇规模、格局上，形成大、中、小城市和小城镇协调发展的格局，促进多中心、多层级、多节点的网格型城市结构，推进以县城为重要载体的城镇化建设；最后，在新型城镇化进程中要求城乡融合发展，协调同乡村振兴之间的关系，实现加快城乡之间在基础设施、人才、土地、资本等要素的双向流动。[①]

在牧区城镇化的过程中所解决的并不仅是人口集中到城镇实现现代化的问题。事实上在当前社会背景下牧区城镇化是社会、生态综合治理过程的必然结果。经过几十年的发展，牧区在生活、生计形态上出现了较大的改变，生活条件的改善自然明显，而生计模式的改变则是渐进又具有些许隐蔽性。在一些表达乡愁的文学语言里，人们会去感叹故乡的变化巨大，以至于村落内的邻里之情、友谊、互助方面发生改变，失去了原有的纯真的情感。而这一情况从另一方面去认识的话，也体现牧业村落的整体形态上的转变，即以家庭为核心组织形式变得更加重要，人们忙碌的来源除了劳作以外是对城镇市场的更多参与等。至此阶段，实现城镇化的推力不仅来自政策引导和政府推力，更多的是牧民家庭对自己生计活动的主动调整，利用城镇的便利条件通过自主经营去改善生活条件的动力。城镇与村落之间的双向流动状态的形成基于此主动性。在新型城镇化的过程中，实现降碳目标是较为复杂的工程，从城市建设、草原碳汇潜力到人的低碳生活方式都应当在此阶段全面协调，做出系统安排，以便更好地在各个次级生产过程中实现"双碳"目标。

---

① 中共中央文献研究室.党的十八大以来重要文献选编（上）[M].北京：中央文献出版社，2014：879-892.

第四节　城乡双向流动的牧民、牧民家庭及生计现状

在生态治理和城镇化的推动下，原先中国社会城乡二元模式有所改观，其明显的表现形式就是城乡之间人口的双向流动频繁化，这是 21 世纪以来牧区城镇化的主要阶段性特色。21 世纪初之前的 50 年，牧区经历了定居和草场承包制，此过程在全国范围内与五大牧区内的实施时间上略有不同，但至 21 世纪初基本在全国牧业区域完成了两大工程。此阶段牧民生活水平有显著提高，两大工程的实施不仅促成了牧民群体生计方式的重大转变，也逐渐适应了定居状态下的草原畜牧业经营，积累了市场经济下经营畜牧产品的经验，从而完成了牧区城镇化的基本要求。现阶段健全城乡融合发展机制鼓励城乡之间双向流动，要求通过流动增强农业农村发展活力。国家对深化农业农村改革的举措中包含对土地承包责任制的进一步肯定，巩固完善农村基本经营制度，第二轮土地承包到期后将再延长 30 年，并继续完善农村承包地所有权、承包权、经营权分置制度。对于基本制度的肯定与落实有助于进一步放活以农 / 牧村土地、草场为基础的经营权的有效使用，新型农 / 牧业经营主体在农 / 牧业专业化过程中将发挥重要作用。

进入 21 世纪之后，从国家战略角度，牧区社会空间承载着多重的治理过程，是兼顾生态保护、实现新型城镇化、解决"三农 / 三牧"问题以及稳固边疆民族地区等多个维度的综合区域。到现阶段，生态环境治理的紧迫性促使以国家力量来进一步推进牧区城镇化，人为生态让步，实现新型城镇化。以农牧区城镇化为题的研究下不乏基于城乡人口流动的关注，多位学者提出了自己的观点，周璇等（2016）认为，农牧区城镇化存在"外生促进、内生滞后"，应建设新型农牧区综合体[1]；滕驰（2017）认为，牧民

---

[1] 周璇，唐柳，王茹.农牧区城镇化模式创新与新型农牧区综合体建设研究［J］.农村经济，2016（9）：49–55.

对美好生活的追求和向往是城镇化人口转移得以实现的内在动力[①]；王皓田（2016）提出，人畜合—离式游牧概念，游走在城镇和牧区间的新型牧民群体是牧区城镇化的新路子[②]；包智明、石腾飞（2020）认为，牧民的流动性是其主体性的特征，呼吁城镇化进程中让牧民通过流动性实现生态、城镇化的双赢[③]。在牧区城镇化趋势中学者敏锐地观察到流动性的动力、模式，并对牧民群体进入城镇后又与作为家乡的牧业村落之间的互动，在寻找原因的基础上集中在牧民对原有牧业生计的一再坚持之上。但对流动性的分析中缺少牧民群体选择流动背后的支撑点的挖掘。

流动需要成本，超出成本核算的流动实际上是无法持续的。牧民在城镇化的进程中保持流动的动力，主要是城镇的市场与家乡的产出之间的收益性，即牧民的流动实际上是两栖模式下的流动。城村两栖的状态使以家庭为单位的作业形式得以发挥其长处，牧民成为既属于城镇又属于牧区的人口。在人口统计数据中，此现象被包含在"人户分离人口"部分。2021年公布的内蒙古自治区人口数据显示，"居住在城镇的常住人口为16227475人，占全区常住人口的67.48%；居住在乡村的常住人口为7821680人，占32.52%。与2010年相比，城镇人口增加2507301人，乡村人口减少3164437人，城镇常住人口比重上升11.95个百分点。这表明自2010年以来内蒙古自治区新型城镇化进程稳步推进，常住人口城镇化率达到了67.48%，城镇化建设取得了历史性成就。"[④]城镇常住人口的增长是乡村振兴战略的主要成就之一，此数据能从宏观层面说明城镇人口的客观规模及十年来的增长率。下面一组数据则进一步明确了急速增长的城镇人口的主要来源及人员所处状态。在人口普查统计"常住人口"部分分为两大类："人户分离人口"和"流动人口"。从具体数据来看"在全区常住人口中，人户分离人口为

---

① 滕驰.内蒙古牧区新型城镇化进程中人口转移问题与对策研究——以W旗为例［J］.中央民族大学学报（哲学社会科学版），2017，44（1）：12–16.

② 王皓田.人畜合—离式游牧与牧区城镇化新探索——以内蒙古四子王旗为个案［J］.贵州民族研究，2016，37（4）：45–48.

③ 包智明，石腾飞.牧区城镇化与草原生态治理［J］.中国社会科学，2020（3）：146–162+207.

④《内蒙古自治区第七次全国人口普查主要数据情况》（搜索时间2022年6月），https://www.nmg.gov.cn/tjsj/sjfb/tjsj/tjgb/202105/t20210526_1596846.html。

11462961 人，其中，在市辖区内人户分离人口为 2394517 人，流动人口为
9068444 人。在流动人口中，跨内蒙古自治区流入人口为 1686420 人，内
蒙古自治区内流动人口为 7382024 人。与 2010 年相比，人户分离人口增长
59.85%，市辖区内人户分离人口增长 129.76%，流动人口增长 47.97%。内
蒙古自治区经济社会持续发展，为人口的迁移流动创造了条件，人口流动
趋势更加明显，流动人口规模进一步扩大。"① 其中，人户分离人口和自治区
内流动人口的规模预示着在城镇化的推动下，到下一阶段人口的流动性持
续增长仍然是明显的趋势，"两栖"或"双向流动"人口是城镇和农 / 牧村
之间的常态。下面从四个角度概括城村双向流动下牧民家庭劳动力及生计
模式上的调整：

一、城村双向流动中的牧民家庭生计分布类别

城村之间的双向流动形成的前提条件之一是便捷的交通条件以及互联网
络系统。城镇和牧区之间人员往来的频繁程度说明两者之间存续的内在需
求。以家庭成员流动为基础的生计类型有四类：第一类，以家庭经营商业店
铺为主要家计来源的，如经营奶食品或肉食品等特色店铺，经营材料的来
源地在牧区而销售点在城镇；第二类，家中学龄阶段的孩童在城镇上学，需
要由家中的成年人照看，该成年人一般都在城镇兼职临时工作，但牧区保
留一定数量的家畜作为生计来源；第三类，夫妻中的一方在城镇工作，长期
居住于城镇，但另一方从事以牧业为主的生计；第四类，城镇内只有房屋没
有具体的生计业务，在牧业村落中保留了草场及牲畜，结合自己看管和雇
佣他人看护畜群来获得主要生活来源。

牧民家庭生计分布的空间跨度主要取决于牧民对城镇和村落两处空间
的利用深度和广度。牧民家庭内部结构上的一系列调整根植于城镇化和生
态治理的综合效应，使个人充分考虑所处社会的各类因素之后做出的实际
决策。第一类家庭，在不同盟市案例内均有呈现，虽然在所处嘎查（牧村）

---

① 《内蒙古自治区第七次全国人口普查主要数据情况》（搜索时间 2022 年 6 月），https://www.
nmg.gov.cn/tjsj/sjfb/tjsj/tjgb/202105/t20210526_1596846.html。

内此类家庭的比重不大，但每个村落都会有较典型的经商成功案例。第二类家庭，是目前在进入城镇的牧业人群中占比最多的一种模式，由于教育、医疗资源集中于城镇内，牧村内的人为了子女教育、赡养老人、个体保健的需要，尽量在城市购置房产以便随时到城镇居住，再兼职一份临时工作。跟随孩子或老人进城陪伴照顾的人多数情况下都是家中的成年女性劳动力。第三类家庭，占比不高但在调查到的不同区域案例内均有出现，夫妻两人两头经营家计，常年奔走于城镇与牧村之间，城镇和牧区作为同等的生计来源。第四类家庭，主要是在较特殊的情况下采取的方式，一般情况下此类家庭成员在城镇内没有固定的职业，但因年迈、疾病、单亲等多种原因无法长期在牧村内居住劳动，进入城镇之后又找不到合适的工作，因此选择继续经营畜牧业维持家计。

城镇化中的种种因素促成了牧民所有家庭对城镇、村落空间应用上的统合，从而完成了家庭内部结构的相应调整，总的来讲，家庭成员中的特定人员会成为长期双向流动于城、村之间的流动人员。家庭内的流动人选一般是根据家庭规模而定，家庭内的 30 岁左右的年轻夫妇或 50 岁左右的中年夫妇都是担任流动责任的重要人选。主要流动人员在内部也有分工，依据城村两头具体工作的需要决定是由两个人同时流动还是由一人去完成。

二、城村双向流动环境对劳动分工上的期待

家庭内部结构包含了流动的一对夫妻后，家计相关的劳动投入上男女两方的角色不再严格遵循原有的牧区劳动分工形式。加上牧业机械化程度的提高，使男女劳动分工的严格区分有所淡化。在原有牧区劳动分工中，女性劳动主要集中在家务及畜群回圈后的饲养、挤奶等上。而在城村流动条件下，为了提高效率减少往返的次数，留在牧业村落的人的任务比较繁重，尤其是没有专门雇佣畜群看护人员的情况下，要兼顾畜群管理和畜产品加工。城村双向流动使作为家中主要劳动力的夫妻两人常常扮演多面能手的角色，不管谁是留在城镇一头的人，都需要熟谙城市生活的轨迹，回到村落内的人要熟悉操作牧业生活的一套内容。同时，每天或每几天来回于城镇和牧业村落之间的流动需求也使家庭核心劳动力不得不依赖交通网络、

工具和技术。综合当前情况，进城牧民家庭内夫妻两人的搭档是保持利用城村空间的重要前提条件，如果缺失此条件使家庭内部流动性人员所承担的劳动密集度加倍，很难维持流动。

按照上文中的四类形式，第一类有商业经营的家庭对于家中主要劳动力的劳动能力、效率的期待较高，在此情况下他们除了拥有牧区劳动分工所需的基本生活技能外，还需要综合学习车辆驾驶技术、采买货物、联系卖/买家、网络平台使用等在内的一系列商业经营相关的知识。其他三类家庭中由于少了商业经营这一项，家庭劳动力在采买货物、联系卖/买家方面不需要投入精力，但在驾驶技能、网络平台使用等方面仍然是被期待掌握的能力。

尽管处于城村流动阶段，但对于从牧区走出的家庭来讲，畜牧业仍是主要的基本生计模式。这些家庭会保留尽可能的畜群来维持或贴补城镇生活中的支出。也因此，除上述因流动性增强而必须的技能外，牧户最基本的劳动技能是畜群经营能力。目前"经营"主要原因之一是牧户畜群结构单一化现象，每个家庭根据草场、劳动力状况及市场趋势只保留山羊、绵羊、牛或驼中的一至两类牲畜。畜群结构的单一最直观的结果是牧户依托市场信息及时出售畜产品再以现金形式换取其他生活所需物品。因此，在两栖状态下较为关键的转变因素即畜群结构和人员流动性之间的结合。在此条件下，不管女性还是男性，家庭成员都有着同样的经营意识与任务，需在日常的人际交往、网络交流信息中寻求有效的有益于经营的信息。而在这一点上牧区女性因子女教育、社区服务等公共事务参与的多重角色，使女性能够更容易获取可靠来源的信息。

三、城村双向流动下的老人、孩子与牧区女性职业规划

女性多重角色身份的认可不仅是在以牧业为生计的区域，在现代社会普遍认知中对此都有所承认，尤其是职业女性的行列越来越扩大的现阶段，这一点是较为凸显的内容。在《发展研究指南》中的"性别与全球化"篇中认为，全球化背景下女性进入工厂成为劳动力之后，来自核心家庭的女性劳动力很难兼顾工作与家庭，导致家庭暴力、离婚率上升，新旧观念

的交替也迫使女性重新评估她们的社会身份、角色，并经受着心理调适过程。[①]城村双向流动中对其家庭成员的角色期待较高，这一变化在女性角色上更凸显，这与现阶段教育程度的提高、人们职业意识增强也有一定的关系。与此同时，这也同目前城村社会公共服务的有限性不无关系。子女教育、赡养老人过程中家庭主妇角色是实际需求，这使牧区女性在兼顾家计性职业而努力的同时不得不将更多的精力转向家庭老弱成员的照顾照看方面。从一些案例访谈中了解到，社会公共服务的有限性是城镇和村落之间流动性频繁化的阶段限制女性的客观原因，她们不得不将更多精力投入家计性经营活动，放弃有序的职业规划和发展诉求，这一点尤其体现在老人赡养过程中。当家庭中中年女性劳动力处于城村两头栖居又有义务教育阶段的孩子需要照看时，或者当家中出现老人疾病或因年迈无法自理生活的情况时，放弃职业规划承担家庭琐事劳动的人往往是这些中年女性。在与部分女性案主讨论此问题时，她们表示虽然自己有意愿继续参与家计性的经营劳动，但出现无法兼顾的情况下还是会先放弃，原因主要是雇佣他人去照顾家人产生的费用基本等于她们一年来所创造的收入，并且照看与照顾的任务外人也不会尽心尽力去做。社会公共服务的提升有其渐进的过程，也因此在现阶段城村两栖的状态下，在女性职业规划中必须考虑到因家庭内教育、赡养而引起的互助需求，同时在观念层次上让所处社会文化尊重、接纳女性做出不同的选择权利。

四、城村双向流动促进的职业观念转变与现实

综合内蒙古自治区牧业区域多个嘎查/村访谈，与以往相比，在城村双向流动频繁的情况下以牧业为生计的人群实际上在政府、社会各方不懈努力下，获得了较客观的职业发展的机会。访谈中也发现，牧民群体中利用网络平台销售牧业产品或其他特色手工产品的愿望比较普遍。对于牧区进城人员而言，此类职业是辅助性的，在他们自己的解释中认为自己主要职

---

① ［英］范达娜·德赛，罗伯特·B.波特.发展研究指南（第二版）［M］.杨先明，刘岩等译，北京：商务印书馆，2014：672-673.

业仍然是"牧民"，与过去相比有所不同的是现在能够利用市场、网络、便利的交通条件兼顾牧业劳动以外的兼职性的其他职业身份。此解释可简化理解为"牧民+"的身份，即现阶段从牧区转移的流动人口的职业规划的主要模式是维持两栖状态下的"牧民+"身份，以畜牧产品或牧区文化独特性为基础利用城市空间拓展生计模式，获得更多的生活资源。

"牧民+"的模式在调查中涉及的多个案例是"牧民+商人"的模式。在当前条件下，虽然进城牧民职业身份转变受到鼓励，但在现实生活中转变会受到一些具体条件的限制，主要限制因素集中在以下三个方面：①可作为销售的牧业相关产品的种类及产品市场普适度；②线上和线下的销售平台前期投入、宣传推广；③快递、物流系统便捷、可靠、优惠程度等。在可销售的产品方面，牧区流转人员的职业规划一般依靠当地的产业特色，如当地以养驼为主，牧民所经营销售的一般是与驼产业相关的产品。在牧民+商人的角色中有部分人扮演着中间商的角色，他们依托自家城镇经营的店铺，链接着村落熟人和国内市场。"可销售的产品"实际上是决定牧区流动人口职业规划和观念的最重要因素。如果没有能力创造出能够适应更大市场的特色产品，无从谈扩大销售及更进一步的职业规划和观念。在销售模式方面，以一家奶制品出售为主的家庭作坊情况来看，支撑生意的主要劳动力是该家庭的女性成年劳动力，在外的子女会帮忙销售并经常带回新的产品信息，这对不定期更新产品种类有了很大的帮助，同时线下店铺模式的销售需要积累一定量的客户群后才能够持续经营。当前线下店铺的经营都是和线上宣传和销售结合起来的，尤其是在疫情环境下，线上销售变得更为重要。从牧村进入城镇开设线下店铺的家庭，店内的销售一般是由家庭内的一名成员承担，经营以奶食品为主的店铺及兼营日用品的店铺主要是依靠女性成员的经营。牧民线上店铺的经营利用微信、抖音等网络平台在销售和宣传，对线上店铺的经营较依赖家庭年青一代的人。在访谈中发现，对线上店铺，人们对平台提供的一些小程序功能的学习更为积极，并会在日常交往和聊天中常常作为主要谈资来探索这些平台功能、小视频制作、文案可行性等。

本章小结

本章主要将牧区城镇化置于"双碳"目标下，认为牧区实际上是重叠的社会治理空间，内蒙古牧区草原资源利用、碳中和空间开拓并实现新型城镇化都是同步工程，相互之间的协调在当前显得尤为重要。在"新发展观"下，牧区仍以草原和草原畜牧业为前提，其"新"体现新牧区建设全领域，对牧业、牧村、牧民的政策性支持涵盖了共同富裕目标下的全民普惠的观点。新牧区建设是解决"三牧"问题的主要抓手。再从生态角度来讲，草原既是主要实现碳中和自然空间之一，是主要江河的发源地和水源涵养区，同时也是以畜牧为生计的牧业人群维持生计的基本生产资料。在"双碳"背景下以草原为依托的牧区空间对经济总量的贡献率是综合性的，这与其所持重叠性的时空特征相关。

自20世纪50年代以来，如何利用草原资源的认识经过了渐变的过程，促成人们认识上变化的动力之一是发展理念本身及人与自然的关系的重新阐释。草原从牧民游牧的四季迁徙地到定居放牧的草场再到生态保护的特定区域，70余年的理念上的变化规定了近十年来草原畜牧可持续发展的基点回落到草业、牧业的可持续发展之上。自21世纪初随着气候议题的热度，牧区发展进入了以生态可持续为前提的发展阶段，2015年草牧业概念被广泛使用，概括性地体现了自然—草原—畜群—人关系中的牧区新形态。但不管关于草原利用的概念如何变化，在社会生活领域，发展需要通过人的生活过程体现，在人类赖以生存的自然环境内持续。内蒙古牧区可持续发展，需要跳出草原畜牧业概念框架，将"双碳""碳汇"与草原可持续、人为因素、城镇化关联起来，从草牧业的概念角度重新思考以牧业为主的生计模式的转变。

在牧区城镇化的过程中所解决的并不仅是人口集中到城镇实现现代化的问题。经过几十年的发展，牧区在生活、生计形态上出现了较大的改变，生活条件的改善自然明显，而生计模式的改变则是渐进且又具有一些隐蔽性。人们变得以家庭为核心组织形式，变得忙碌的来源除了劳作以外，是对城镇市场的更多参与。至此阶段，实现城镇化的推力不仅来自政策引导和政府推力，更多的是牧民家庭对自己生计活动的主动调整，利用城镇的便利条件通过自主经营去改善生活条件的动力。城镇与村落之间的双向流动状态的形成基于此主动性。在新型城镇化的过程中，实现降碳目标是较为复杂的工程，从城市建设、草原碳汇量到人的低碳生活方式都应当在此阶段全面协调，做出系统安排，以便更好地在各个次级生产过程中实现“双碳”目标。人户分离人口和内蒙古自治区内流动人口的规模预示着在城镇化的推动下，到下一阶段人口的流动性持续增长仍然是明显的趋势，“两栖”或“双向流动”人口是城镇和农/牧村之间的常态。城村双向流动中的牧民家庭生计分布、劳动分工上的改变及职业规划理念的转变及现状说明了以生态为前提的草原利用人的认识的变化及新型城镇化的策略深刻地影响着牧区人口的经济活动。

第五章

牧区社会空间与生态空间的互动

城村双向流动是改革开放以来中国社会发展的阶段性特征。然而，细观逐渐扩展的双向流动的农牧民群体的规模，实际上促成这一现象的主要因素同社会赖以生存的自然生态境况之间是间接关系，但随着"双碳"目标的提出，这一因素的决定性作用变得越来越明显。也因此，生态问题是推动城村之间流动加剧的主要前提之一。城村流动的频繁使整个城村之间的原有社会结构发生着本质性的转变，这一点可从社会空间转换的不同层级的表现去了解。

第四章中提到，牧区城镇化是"三农""三牧"问题的主要抓手。牧区城镇化是在牧区自然、社会空间的多重性场域内进行的。该"多重性"可以理解为正在经历新型城镇化的牧区不仅面对"三牧"问题，也在构建生态可持续发展系列政策实施的对应空间；牧区空间及牧民是多重场域内的政策治理对象，同时也是系列社会行动的亲身实践者。如今在"双碳"背景下，牧区时空之内政府主导的城镇化、生态可持续实践之外，还需加入另一个具有严格时间表的、重要的治理维度——"降碳"。虽然"双碳"任务为生态可持续发展的阶段性体现，但在严格的时空限制下，牧区发展需在同一空间内系统安排城镇与村落、生态与生计、个人发展与低碳理念之间的有机结合。在资源配置上，一方面，内蒙古牧区拥有优质的降碳自然空间，即牧区人口的流动性与碳汇转换之间有一致性；另一方面，在社会政策方面，牧区新型城镇化之"新"在以人为本的基础上完成了进入城镇的早期环节，现今到

"双碳"背景下再谈"新"则需要再一次加入农牧进城人口的市民化过程,并在此过程中兼顾人的生活、生计领域的"降碳"行动。"新"的多层次重叠,对牧区人口从空间到观念转变均带来了挑战,他们对于此"新"的内容的理解融合到实际行动是关系到使国家层面的整体策略切实得以平稳推进的关键。而实现理解和融合的最主要实施途径同家庭生计、致富行动等主要经济活动相关领域的引导与规范关联在一起。这也使城村之间的双向流动显得格外重要,频繁的、主动的城村之间的人口流动是基于家庭经济决策的个人经济活动,这使个人经济主体在当下的社会环境中变得更加重要。

第一节　碳汇空间需求

"双碳"背景下"碳汇"是需加以深刻认识的概念,它是在实践领域落实"双碳"目标的重要手段。在实践中,真正实现碳汇需要自然载体,也就是能够实现碳汇的空间。在第二章中提到"碳汇"的主要载体,是通过植树造林、植被恢复、耕地固碳等措施吸收大气中的二氧化碳,从而减少温室气体浓度是实现碳汇。这意味着在"碳汇"过程中人类社会对自然资源高度依赖,人的减碳降碳行动最终以特定自然资源如海洋、森林等主要碳汇媒介来实现的。因此,"碳汇"的达成需要规模性的空间载体。

为了生态可持续,国内先后实施诸多重要工程,例如,天然林保护工程、退耕还林工程、退耕还草工程、长江和珠江防护林工程等。这些重大工程的实施也是通过人为手段扩大森林面积、草原植被恢复的过程。人类活动对生态系统造成的负担可通过人为行动将其影响控制在可持续发展限定的范围之内,就二氧化碳排放而言,可持续发展目标要求恢复到"碳中和"水平,即人类活动的碳排放控制在生态系统的碳吸纳能力范围内(钟茂初,2022)[①]。这正是划分三大空间的实际意义,城镇、农牧产区、生态功能区相对独立之后可在具体空间内加以确定降碳具体措施。

---

① 钟茂初."双碳"目标有效路径及误区的理论分析 [J].中国地质大学学报,2022(1):10-20.

在通俗意义上，碳中和就是人类行为导致的二氧化碳，被及时吸收，也就是二氧化碳排放和吸收规模趋于平衡。一些生产、生活习惯的改变，例如，土壤有机碳、建筑环保材料、出行低碳等都会产生有效的碳汇效果，从而让因人的活动而产生的二氧化碳的浓度尽快尽早地让大自然吸收，而维持生态平衡。当在国土空间划分上明确三大空间格局时，实际上离真正通过碳汇载体实现碳中和还有一定的距离。该距离主要是因为社会空间和自然空间之间的不平衡性。在社会生产、生活活动中我们很难整齐划一，也很难让自然条件和人的生活内容完全均质化。对"城市化地区""农产品主产区""生态功能区"之间的碳排放量和碳吸收量之间进行换算，需在三者之间进行定期计量比较，存在较大挑战。在国土空间规划中的"碳汇"所需自然载体分布和规模，在某一省份或仅在某县域并不一定是连片的区域，但三者的规划要有明确的空间边界及功能定位，不然很难以换算的数据来说服降碳减碳的成效。

为应对气候变化，实现草原可持续发展，在牧业区域陆续实施了牧区生态移民、退牧还草、退耕还草、以草定畜、舍饲圈养等政策（张利华，2016）[①]。21世纪初的二十余年，这一系列社会政策在内蒙古牧业区域前后得以实施，成为牵动牧区社会变迁的主要动力之一。当然，在这里仍需要综合考虑新牧区建设实施初期的牧区贫困问题。21世纪初，在内蒙古案例上环境和农/牧村社会问题的关注之间交集越来越突出，草原生态的脆弱性随着发展显现出来。在该问题解决途径的探讨中，人口、贫困、生态、城镇化之间的关系的思考对当下的"双碳"背景下的三大空间格局仍具有启发意义。"牧区贫困与生态的关系很紧密，形成生态贫困现象，解决贫困、生态问题是一个过程的两个方面，两者不能隔离开来。另外，政府解决生态问题的政策侧重点是在'生产'上深入地看和'生产'紧密联系在一起甚至是决定'生产'的是'生活'，贫困人口的生活方式是分析的主要因素，研究解决牧区贫困、生态问题，不能忽视'贫困人口的生活分析'。"（于存海等，2008）[②]

---

① 张利华. 草原可持续发展知识读本［M］. 北京：科学出版社，2016.

② 于存海，葛根高娃. 内蒙古新牧区建设中的人口发展问题分析——对近年来牧区系列调查研究的综合思考［J］. 内蒙古大学学报（人文社会科学版），2008（1）：97.

不管是在解决贫困问题还是在降碳问题上，生态、生产与生活之间均有内在的关联性。在这篇文章中，其作者主张解决牧区贫困问题而关注到了牧民职业"非牧化"实现人口形态转型式转移和人口空间分离式转移来促进人口适度迁移。综合同一时期的同类研究，当时在生态问题上的主要应对策略的研究主要是鼓励人口的迁移，但限于当时城镇化水平及交通、网络环境的条件，在迁移人口的生计环节的研究较为模糊，多数研究结论中建议要对转移人口进行就业培训。而对培训的具体操作、具体内容、效度等方面则缺乏持续性的研究。在同一时期的社会调查案例中零星能看到牧民群体进城后在职业规划上的一些不适以及生计窘境的表达。

社会时空的连续性可以从不同的角度去感受，连续性表现在同一类事情、词汇等在所含意义上的复杂的改变，例如，"进城"这件事及这个词本身在过去的 20 年在含义上有个较大的拓展，早期理解城乡二元体系内"进城"对于村里人来讲应该是形容一次行为，即去一趟城里再回来，而现在"进城"可能意味着这个人可能是长期在城里居住和生活。在 21 世纪初，内蒙古自治区进城的农牧民数量开始增多，经过 20 年之后，经历改革开放、市场化、生态问题等重大时代性的课题，农牧民群体对自己以及家庭的生计方式做出了许多调整。"双碳"目标在牧区生活中一般被归类到草原生态保护之内，人们还不能将草原生态保护的理解及行动上升到"双碳"的层次上。

当前在整体社会空间内对草原生态保护的诠释关键的是让人们认识到草原的多功能性质及其保护长远意义。当对草原经济功能和生态价值做出统一规划时，对其功能区域及利用模式应需加以分析和有效分隔。通过城镇化将流动的和流转的人口集中到周边城镇，也就是牧区城镇化与生态奖补机制相伴，基于人员城村之间的流动性，引导牧业村落常住人口有序进城实现草原生态环境得以缓解（仇焕广等，2021）[1]。牧区流出人口从最初十年的"徘徊"（阿拉坦宝力格，2011）[2] 状态后期随着牧民对网络平台、城镇市

① 仇焕广，冯晓龙，苏柳方，唐建军.中国草牧业可持续发展：政策演变与实现路径［M］.北京：经济科学出版社，2021：45-69.

② 阿拉坦宝力格.论徘徊在传统与现代之间的游牧［J］.中央民族大学学报（哲学社会科学版），2011（6）：51-58.

场主动加以利用逐渐有所改变，进城牧民对城镇生活有了自己的认识，如下文中谈到的牧区进城人口的两栖性。当然，对两栖模式可以有不同的分析，一种是可以视其为进城人口的生计不稳定状态；另一种是从阶段性的角度视此模式为以生态为先的社会治理政策的表现，即新的机制升成阶段。而在后者的意义上，可以把现阶段视为城乡二元分割的社会空间正在逐渐转入三大空间格局。

"碳汇"相关解释在实际生活中是一系列可持续发展为基本原理的草场有序利用的过程。随着生态奖补机制的实施，草原上人、畜活动有序减少，人口集中到周边城镇①。在实施生态相关政策及措施后，城镇与牧区之间的流动性借助现代通信、网络、机动车辆驾驶等条件空前增多。在减碳行动之下，牧区城镇化呈现了基于一定流动性的适应环境变迁的新的形态。城市居住空间、草原牧业经营空间和生态调节空间相对成形。

时空上的二元到三元模式，物理空间内的划分和理解相对形象，而当这样的空间之内填入以生计为导向的人群时，空间之间的界限开始模糊，有时只能借助更具有时代性的条幅、标语去警示不同空间之间的相对独立性。"碳达峰""碳中和""可持续发展""全球气候变化"等词汇如同标语，使城市和农村划归为一个整体，同时又要求重新考虑不同区域的功能以及相互之间的互补可能性。

第二节　从城乡二元空间到"三生"空间

在现阶段中国发展策略中，生态成为城镇化、"三农"、"三牧"问题的统合上的关键因素。在中共十八大报告《坚定不移沿着中国特色社会主义道路前进，为全面建成小康社会而奋斗》中明确："建设生态文明，是关系人民福祉、关乎民族未来的长远大计。"报告主张坚持节约资源和保护环境的基本国策，将"绿色发展、循环发展、低碳发展"作为发展模式，"形成节

---

① 全国畜牧总站.草木业经济发展的体制与机制研究［M］.北京：中国农业出版社，2021：14-16.

约资源和保护环境的空间格局、产业结构、生产方式、生活方式，从源头上扭转生态环境恶化趋势，为人民创造良好生产生活环境，为全球生态安全作出贡献"。在"优化国土空间开发格局"部分指出："国土是生态文明建设的空间载体，必须珍惜每一寸国土。要按照人口资源环境相均衡、经济社会生态效益相统一的原则，控制开发强度，调整空间结构，促进生产空间集约高效、生活空间宜居适度、生态空间山清水秀，给自然留下更多修复空间，给农业留下更多良田，给子孙后代留下天蓝、地绿、水净的美好家园。加快实施主体功能区战略，推动各地区严格按照主体功能定位发展，构建科学合理的城市化格局、农业发展格局、生态安全格局"（中共中央文献研究室，2014）。① "生产、生活、生态"空间的论述在党的十八大之后获得了学术研究更多关注，从而以"三生"空间为题的研究逐渐成为热门。② 在中共十九大报告中继续坚持人与自然和谐共生的主张。"建设生态文明是中华民族永续发展的千年大计。必须树立和践行绿水青山就是金山银山的理念，坚持节约资源和保护环境的基本国策，像对待生命一样对待生态环境，统筹山水林田湖草系统治理，实行最严格的生态环境保护制度，形成绿色发展方式和生活方式，坚定走生产发展、生活富裕、生态良好的文明发展道路，建设美丽中国，为人民创造良好生产生活环境，为全球生态安全作出贡献。"③

在《中华人民共和国国民经济和社会发展第十四个五年规划和二〇三五年远景目标纲要》中"把乡村建设摆在社会主义现代化建设的重要位置，优化生产生活生态空间，持续改善村容村貌和人居环境，建设美丽宜居乡村"。④ 国土空间的结构变化趋势是在优化重大基础设施、生产力及公共资

---

① 中共中央文献研究室.十八大以来重要文献选编（上）[M].北京：中央文献出版社，2014：1-44.

② 在知网上搜索主题词"三生空间"，有千余条文献，该主题仍处于增长趋势，分布在农业经济、建筑科学与工程、环境科学与资源利用、宏观经济管理与可持续发展、经济体制改革、旅游业等十几个学科领域。乡村振兴与国土空间优化是不同学科领域的主要背景内容。

③ 习近平.决胜全面建成小康社会 夺取新时代中国特色社会主义伟大胜利——在中国共产党第十九次全国代表大会上的报告［EB/OL］http://www.gov.cn/zhuanti/2017-10/27/content_5234876.htm.

④ 中华人民共和国国民经济和社会发展第十四个五年规划和二〇三五年远景目标纲要（"第二十四章实施乡村建设行动"）［EB/OL］https://www.mnr.gov.cn/dt/ywbb/202103/t20210315_2617124.html.

源布局进程中完成的，具体内容安排上协调城市化、粮食及农产品保障、生态保护之间的关系，形成城市化地区、农产品主产区、生态功能区的三大空间格局。中心城市和城市群是能够增强经济和人口承载能力，在中西部中心城市和城市群的功能，主要体现在加快工业化城镇化进程，强化对区域发展的辐射带动作用。农产品主产区增强农业生产能力。生态功能区保护生态环境、提供生态产品，并将该区域人口有序向城市化地区转移并定居落户。

在《中共中央关于制定国民经济和社会发展第十四个五年规划和二〇三五年远景目标的建议》①中进一步明确指出了区域规划要立足资源环境承载能力，发挥各地比较优势，逐步形成三大空间格局：城市化地区、农产品主产区、生态功能区。在三个空间格局的功能上认为"城市化地区"要高效集聚经济和人口、保护基本农田和生态空间；"农产品主产区"要增强农业生产能力；"生态功能区"要把发展重点放到保护生态环境、提供生态产品上。因此为支持生态功能区的生态功能，将该区域超出生态承载能力外的人口逐步有序转移出去。在优化重大基础设施、重大生产力和公共资源布局的基础上，三大空间格局主体功能明显，互相之间优势互补，形成高质量发展的新格局。

在中共二十大报告中再次深刻阐释了中国式现代化的当代实践，结合发展模式、国土空间布局、双碳目标指出了生产、生活、生态三者之间的终极关系。"中国式现代化是人与自然和谐共生的现代化。人与自然是生命共同体，无止境地向自然索取甚至破坏自然必然会遭到大自然的报复。我们坚持可持续发展，坚持节约优先、保护优先、自然恢复为主的方针，像保护眼睛一样保护自然和生态环境，坚定不移走生产发展、生活富裕、生态良好的文明发展道路，实现中华民族永续发展。"②

---

① （新华社北京11月3日电）中共中央关于制定国民经济和社会发展第十四个五年规划和二〇三五年远景目标的建议（2020年10月29日中国共产党第十九届中央委员会第五次全体会议通过）[EB/OL] http://www.gov.cn/xinwen/2020-11/03/content_5556991.htm（搜索时间2022年10月）.

② 高举中国特色社会主义伟大旗帜　为全面建设社会主义现代化国家而团结奋斗——在中国共产党第二十次全国代表大会上的报告[EB/OL].https://www.gov.cn/xinwen/2022-10/25/content_5721685.htm（搜索时间2022年11月）.

明确三大空间格局意味着，原先的城市与乡村、城市户口与农村户口相互对应的空间和人群的二元分类将会失去鲜明对应效果，人口分布在整体上发生改变，将迎来新的社会空间布局。城市化地区、农产品主产区、生态功能区三个空间的规划是以自然生态、人类社会可持续发展为前提的。在理论方面，可持续发展有其基本原则，即为保障人类赖以生存的生态系统及其生态功能健全、稳定，将人类活动导致的污染排放控制在地球生态系统可承受的自净化能力范围之内。在现实中，自工业化以来人类活动排放的污染已经超过了生态系统的自净化能力，使人类生存环境受到了严重影响，其中现已突出的问题是排放过多的二氧化碳气体导致全球气候温度的持续升高，进而使地球生态系统及其生态功能失去了平衡，稳定性变差，再持续恶化会带来人类共同面临的巨大风险。因此，在"可持续"之下三大空间又归为一体之内，系统解决生态问题的关键回落到对人类社会生产活动的有效控制，实现全领域协调降碳。当前"三生"空间相关研究中欠缺的部分更多集中在关注社会空间格局大调整同区域人口生计活动之间的协调之上。

第三节　社区视角下的牧区社会空间挤压 [①]

对英文"Community"一词的中文翻译起初为"共同体"，而"社区"对应的译词源自1948年费孝通在《二十年来之中国社区研究》。该文中将

---

① 该部分内容基于笔者之前的一篇文章基础上形成。在此篇中对于"社区"一词的解释并不深入，采用了滕尼斯对社区的解释"那些由具有共同价值取向的同质人口组成的，是关系密切、出入为友、守望相助、疾病相扶、富有人情味的社会关系和社会团体"。谢芳. 美国社区［M］. 北京：中国社会出版社，2004：8-11. 在国内社区相关研究不断有新作出版，研究也在逐步明晰，在吴晓林著作中对西方（英美）语境中的社区进行了较为全面的梳理，西方社区概念的运用有含糊、多元的特点，并划分了四个阶段：19世纪末到1910年；20世纪10~30年代；20世纪40~70年代；20世纪80年代至今。该划分基本以两次世界大战为明显的分水岭。吴晓林. 理解中国社区治理：国家、社会与家庭的关联［M］. 北京：中国社会科学出版社，2020：1-24.

Community 翻译为"社区"以区别于"地方社会"（费孝通，2009）。[①] 在中国语境内的"社区"强调特定人群在某一地域内的相互关系形式，形容人们围绕共同利益而结成紧密关系状态。社区自一开始进入中国学者的视野，就被直接带入小范围基层社会单元内，20 世纪 80 年代，民政部把社区概念引入城市管理，2000 年在相关中央文件中对社区进行了界定（吴晓林，2020）。[②] 在政府工作中，"社区"等同于居委会的管辖范围。在日常生活中"社区"是贴近家庭、个人生活的基层组织单位。"社区"称谓与乡村领域的结合使"社区"一词在应用层面上除基层管理单位的形象之上明确了一层"共同体"的意义。农牧业区域被称为社区时主要基于生计同类性质下的地域共同体的特征。

20 世纪 90 年代初，王俊敏（1993）提出"牧区社区"的概念，即"畜牧业＋散居＝牧区社区"[③]。他认为，"牧区社区"是一种全新的社区类型，与传统的"农村社区"和"城市社区"相同，都有着社区的共性，同时也有自身的特色[④]。随后在色音的《蒙古游牧社会的变迁》中肯定"牧区社区"并提出"畜牧业＋定居＝牧区社区"的公式（色音，1998）[⑤]。在一系列研究中畜牧业同"社区"一词的结合上，主要考虑畜群草原放牧与牧民定居之间的关系，定居之后相对固定的人员组合在畜牧业互助需求下形成了特定的文化、协同及利益共同体。

"牧区社区是与农村社区和城市社区并列的一种新型社区，是以家庭为小区、以嘎查为卫星区、以苏木为中心区的层级结构。"（王俊敏，1993）[⑥]从"牧区社区"的定义设计考虑，与牧业区域相关的此类社区由牧区家庭、牧区邻居、浩特（三五户牧民组成的居住点）、嘎查和苏木的层级组织方式直接相关。显然在其概念范畴中城镇与牧区的互动关系以及目前在两者之间呈现出的生活生产方式上的紧密相关性被忽略。换句话说，"牧区社区"是以社会学视野下的城市—牧区（乡村）二元论传统范畴内探讨内蒙古牧

① 费孝通.费孝通全集·第六卷（1948-1949）[M].呼和浩特：内蒙古人民出版社，2009：296-297.

② 吴晓林.理解中国社区治理：国家、社会与家庭的关联 [M].北京：中国社会科学出版社，2020：28-30.

③④⑥ 王俊敏.一种新型社区——牧区社区 [J].内蒙古大学学报，1993（2）：11-19.

⑤ 色音.蒙古游牧社会的变迁 [M].呼和浩特：内蒙古人民出版社，1998：150.

区社会文化现象。与传统的城市—牧区之间的空间转换不同，在牧区城镇化背景下，基于现代通信设备（互联网、物流系统）和交通工具，时间与地理空间被高度压缩。内蒙古牧区出现了城市—牧区二元社会的时空压缩的社会文化现象。针对此现状，笔者同另一位研究人员在文章中认为，在牧区牧民城镇化过程中形成一种连接城市与牧区的扩大化的社区形式（孟根仓和陈红，2020）。①

经过进一步研究及其他案例的详细考察之后，笔者认为，在内蒙古牧区，人们以经济活动为纽带利用牧业村落与城镇两种社会空间，依托家庭、社区经营，正在形成自主的经济主体。随着现代通信设施的普及，内蒙古自治区城市工作生活的牧民借助网络虚拟空间同在于牧区集体空间内。与此同时，现代交通工具的普及也缩短了城镇与牧区之间的空间距离，从而使牧民作为经济主体的活动空间扩大，频繁穿梭于城市与牧区之间。时间与地理空间被高度压缩再叠加牧民多样化的自主经营的经济活动形式，以"城—牧互动模式"来概括该现象可能比限定在"社区"之内更为合适。城市—牧区二元社会的时空压缩是城—牧互动模式形成的主要成因之一。牧民群体中正因为这种新型的城市—牧区二元社会的时空压缩，打破了传统的城镇—牧区二元社会的时空距离，使城—牧互动模式成为可能，利用现代交通、通信条件模糊了城乡之间的二元性。

城镇—牧区资源共享是促成城—牧互动模式的另一个主要原因。穿梭于城市—牧区之间的牧民认识到不同社区的资源优势，并开始充分利用两种"社区资本"。在以往的案例中，例如，牧业嘎查（村）牧民主动地利用"城市社区"的医疗、教育等机构和市场所需的工作机遇；与此同时，他们还依赖于"牧区社区"的"老资本"——草场和牲畜，享用统筹城镇—牧区改革发展中的红利。又如，有些牧民在周边城镇旅游旺季开出租汽车可获得较可观的收入，同时他们也会领取草场的禁牧补贴，并将部分羊群委托他人在未禁牧的区域放牧，在保障家庭肉食来源的同时将其作为家底如同银行内的存款。他们会在城镇尽量购置一套房屋，用来安置家中老人、供子

---

① 孟根仓，陈红."城牧互动社区"：内蒙古城市—牧区二元社会的时空压缩 [J].青海民族大学学报（社会科学版），2020，46（1）：143-147.

女读书时居住及也作为自己在城镇内的居点。

在社区视角下，城镇与牧村的结合依赖社会基础设施建设，并以人的生活需求为导向。城镇和牧区人口对两种资源的利用是人们主动去挤压城镇、农牧村落之间时空的动力。例如，以旅游旺季驾驶出租车辆的情况来分析，这种需求就是双向的，即旅游业促进城市和乡村人口之间的互动。城—牧互动动力系统连续挤压城镇和牧业村落之间的空间隔阂，牧区与城镇在双向有序互动中被链接，被整合为新的组合体。

第四节　城—牧互动模式

城乡之间的人员流动的频繁化是紧随改革开放和市场经济呈现的趋势，在前文中谈到城乡之间的双向流动以及内蒙古牧业区域双向流动的特征。这一现象在社区视角下，被归纳为城镇与乡村之间的时空挤压，是原有的二元空间模式之上借助现代条件形成的新的社区结构——"城—牧互动社区"。从"城—牧互动社区"解释可以了解到，该"社区"并不指实体的社区，更不是现有行政规划下的单位，而是因社会互动行为而交织起来的生活、生计网络的概括。它涵盖现阶段城镇与牧业村落之间流动性所覆盖的实际内容及过程。城—牧互动社区的提议使在城乡双向流动的关注增加了更为切实的维度。这有助于在此概念基础上进一步探讨进入城镇化与"双碳"目标相结合阶段理应予以考虑的新的社会现象。

"城—牧互动社区"研究注重人们在流动中交织促成的现有生计互动模式。某一社区一旦被界定，一般以一定的界限以及界限感来维持其边界。认为维持社区边界的意愿富有多层考虑，而其中最为强烈的部分来自对保障自身生计业务的需要，而反过来突破社区边界也是同样的原因。城镇与牧业村落之间的二元体系在生态治理、发展、共同富裕的时代议题下被流动的人流推进到了全新的阶段。这是对社区的边界重新认识的过程。新型城镇化的"新"在于对该社会新气象的深刻认识以及实现新的利用方式。

"双碳"背景下农牧进城人口的市民化过程，带有其地域、文化特色。

进城牧民市民化过程中在生计和"降碳"行动之中包含着一定的冲突点。这是牧区城镇化"新"的多层次的含义之一。牧区流动人口需要通过克服空间带来的挑战来赢得生计保障，同时也需要生计转变的实际意义，也就是在观念上实现对降碳理念的主动性。因此离开社区视角下的界限感，城镇与牧业村落之间的互动在当前的环境下已突破社区范畴，两者之间寻求的是尽可能地超越原有界限的共赢机会。因此在本节中将城—牧互动社区的概念范畴加以扩大，将在"城—牧互动模式"的框架内再次讨论城镇与牧业村落之间双向流动的互动特征。

城—牧互动模式是城镇—牧区一体化趋势下的产物，是统筹城镇—牧区改革发展中出现的一种新型城镇化形态。在这一模式下，原有的城村二元结构的边界在消融，这体现在生活中的多个方面。人们不再以单纯的牧业经济为家计主要方式，开始寻求多种经营、销售渠道，利用个人、家庭可支配的所有资源投入跨城乡空间的经济活动以求家庭、个人高质量的生活状态。在前文关于城乡双向流动人口部分提到在牧区城乡双向流动的趋势及该趋势下的生计调整，而在这里主要是从城—牧互动模式下的社区界限的超越角度，探讨进城——牧民群体促成城—牧互动模式的具体因素。对于"城乡双向流动"与"城—牧互动模式"两者之间的关联性，笔者视后者为双向流动的现阶段的阶段性表现，主要体现在以下五个方面：

第一，基于高频流动性的城镇与牧村之间的人员往来。周边城镇与牧业村落之间、同区域牧业村落之间互动的频繁化是21世纪以来城乡双向流动促成的新常态。城镇与牧业村落被绑在一起，形成了城镇—牧区之间的积极互动。城镇化并未让牧民同原来的牧业村落完全脱离，相反在目前的内蒙古牧区城镇化过程中，基于现代通信设备和交通工具，城村、村与村之间的时间与地理空间被压缩，形成了保持人员流动基础上的城—牧互动模式。以巴彦淖尔市乌拉特中旗T嘎查情况为例，自2002年该嘎查被纳入国家"退牧转移"战略实施范围后，嘎查牧民家庭减少了牲畜头数，并开始向附近的乌拉特中旗政府所在地海流图镇或甘其毛都口岸（镇）转移。但是，转移到城镇的牧民家庭并未抛弃原有的牧场，举家搬迁至城镇安居，而是仍然将自己家的一部分与牧业村落绑定在一起。他们借助现代通信设施保持嘎查集体的虚拟社区，并基于机动车经常穿梭于城镇与嘎查之间，将城镇和乡村社会空间编入自己的生活之内。在现有交通条件下，牧民从牧业社区到达邻近的城镇，驾车需要 20 分钟至 1~2 小时。城镇与牧区社会之间的时空压缩基于不同的社会政策和市场信息综合之后，以生计为导向的复杂关系网络。牧民家庭中的部分成员因生计原因长期流动于城镇与牧区之间，承担起了连接城镇与村落关系网络的互动"任务"。

第二，"城—牧互动模式"的产生并不仅是政策性地鼓励进城务工或生态保护的意愿，而是随着进城人员对生计开拓的热情与行动而持续下来的。在该模式下牧民家庭的生产方式出现了多元化的特征。牧民家庭不再以畜牧业生产方式为唯一生计方式，在牧户家庭结构中出现家庭成员从事的行业变得多元，根据家中成年劳动力的人数，在牧业生计上不会投入所有劳动力，会尽量让一名成员从事其他行业，这不仅是为了贴补家用，也是人们更关注不同行业带来的新的机遇。因家庭劳动力的相对分散，牧民管理下的畜群结构呈现单一性趋向，以便于以更少的劳动强度统一管理和经营更多的牲畜。在以家庭内部分工的需求基于社会资源的综合为目的时，在牧业村落内出现比以往更多的雇佣劳动力的现象。为了季节性的畜群管理需求及割草业务等需求，雇佣短期劳动力变得频繁，这更加驱动了牧业村落的人员流动性。在鄂温克旗地方特色饮食相关的调查中，城镇周边的牧民家庭对市场的利用率较高，因出售商品以奶食、肉食为主晨去午归的情况较为普遍。在乌拉特中旗 T 嘎查案例中，"城—牧互动模式"的生产方式呈现出更加复杂而多元化的一面。该嘎查部分牧民到口岸城镇从事经营性商业活动，生意类型主要是从事中蒙之间的劳务中介公司、经营餐馆、服装店以及其他生活服务类的第三产业。虽然他们常常到口岸赚取牧业生计以外的收入，但也没有放弃经营自己的草场和畜群的本行，在采访中发现，畜群被视为"家底"，如同一种固定资产投资。在鄂温克旗的案例中，尽管畜群更是"家底"，但城镇市场、网络平台才是他们保证畜产品正常运作的保障。

第三，在城—牧互动模式下牧民群体对牧业村落社区的认同不只是来源于实际的生活社区，也来源于虚拟化"同嘎查""同村"或以某协会、季节性的工作需求等团体。这个团体在原先实际上并没有现在这样明确而实在。一方面，这主要是由于现代信息网系统、电话、微信平台的普及而产生的跨越实际边界的社区维系管理形式；另一方面，牧民进城后对城镇市场的了解越加深入，也会借助开放的网络系统寻找到更广泛的商业信息。内外两种信息接入与输出的体系使城镇化下的人群对信息的掌握越发要求新且及时。与以往相比，在城镇环境中人群之间的信息传播速度与准确性发生了极大的变化。居民会通过城镇便利的交通和通信设备，将会比之前更快、更准确地对生活中所发生的重大事情做出群体性的反映。T 嘎查成立了以嘎查村民为单位的骆驼协会，开展了一系列传播驼文化的活动来带动牧民增加收入。其运作模式对信息传播的依赖较为明显。该嘎查举办骆驼协会也是因为获得邻近区域驼产业和协会组织形式的启发，为统合该区域自然、文化资源开发旅游及产品而组织起来的。自 T 嘎查骆驼协会办起后以协会为媒介利用政商平台，牧户开始发展草原红驼文化旅游业，为游客提供民俗饮食、民俗文化等特色服务。协会以家庭式旅游业为主，带动文化旅游业促进牧民收入。协会成立后参加过相邻区域骆驼比赛、那达慕、民族风情节等活动，为当地牧民创造了获得更多收入的机会。这在牧户畜群结构呈现出单一性趋势下，通过社会资源提高畜群综合效益，无疑是最好的选择。从 T 嘎查部分牧民家庭的收入和支出构成来看，牧民为了克服畜群单一化而出现的困难，会考虑各种渠道让家庭收入多样化，以此保障生活来源的相对稳定。

与收入结构的多元化相对应，生活支出也出现了多元化趋势，如租用远距离草场的费用，这是因为保留畜群而租用未禁牧区域的草场而产生的费用，相应产生的费用还有雇佣农用车辆和人手的费用，这是远距离转移畜群而产生的必要支出。雇佣长期或临时的人手在城—牧互动的模式下是常见的现象。随着草业在牧业生产的重要环节时，忙碌的秋季是草原上雇佣劳动最挣钱的季节，会使用割草机械的人是最不愁没活儿的。奶食品销售链、牛羊入集市、产品运输、牲畜转运等每个环节上雇佣同村或外来人口的现象较为普遍。在不同盟市的牧区调查中发现，以某类季节性的工作为题的微信网络比较受欢迎，人们会互相推荐加入群聊，形成稳定的业务往来体系。

第四，进城的牧民自发组织创建的微信群功能强大，是他们进城之后比较信任的信息获取渠道。在该群体内人们共享禁牧补贴、工作机会、生活起居事项等信息。以 T 嘎查 220 牧户情况来看，其中有 180 多户被安置在政府承建的海流图牧民小区。随着牧区城镇化进程的加快，牧民的生活认知领域的转变是极其微妙的。人口快速流动，不同职业、不同民族人口的混合状态在政府主导的城镇化建设等因素的促使下，嘎查牧民群体以及城镇人口之间在日常生活中不断磨合，相互协调，整合信息资源成为常态。因此，在城—牧互动模式中居民生活信息的迅速化和集中化促使牧民群体性地主动或被动状态下纳入城镇—牧区连接性的生活网络，使他们拥有敏锐的市场及政策变动的观察能力。

基于现代通信设备和交通工具，城镇与牧业村落之间的时空被压缩，而这是以牧民家庭成员在空间上的扩展分布为代价的。在城—牧互动模式下，家庭承载的实际空间包含了嘎查与城镇之间距离，由家庭成员及雇佣的临时成员在多次的流动、统筹活动来维持以家庭为单位的各类经营性活动，这也增加了家庭成年劳动力的劳动强度。搬迁到城镇的牧民在嘎查境内有自己的草场和畜群，根据家庭劳动力条件，平时家中的一名劳动力常留在嘎查，也有家庭把畜群委托给亲戚朋友或由雇佣的人员照料，自己则在牧忙季节返乡参与实际牧业劳动。家中年迈的老人和因学校合并到城镇而就学的学生会常常留在城镇内。因此在城—牧互动模式下，家中成年劳动力的时间、精力全部倾注在家庭经营和生产性的活动上，并需要常年往返于城镇和嘎查之间，他们的劳动密度与强度是比较高的。从 T 嘎查的情况来看，新型城—牧互动模式家庭内部地理空间的扩大，范围分布在海流图镇—T 嘎查—甘其毛都口岸。成年牧民作为主要的劳动力常年穿梭于这一地理空间内，承担着城镇—牧区的互动"任务"，成为"城—牧两栖人"。这种家庭内部空间的扩展化在今日内蒙古牧区并不陌生，可以说是一种普遍现象。

第五，城镇在生活日常方面能够提供许多便利，这一点在牧民群体中得到广泛的认可。在城—牧互动条件下，牧民可以享用城镇内的水循环系统、供暖系统以及教育机构和医疗机构等资源。便利的城镇生活模式进而也在影响人们在牧—村之内的生活观念，在村落生活中的人们也有意识地改造基础设施，使牧区内的生活更加便利化。在政策鼓励和市场便利的前提下，牧民在牧区生活中变得更加注重现代房屋配套设施。他们在房屋旁边打自备水井，并安装小型压力罐供水系统和化粪池，修建家庭式排水系统和污水处理系统，牧区卫生条件大幅提高。这是在城—牧互动模式下牧区整体观念变化的表现。针对城镇和牧业村落之间的流动，牧民在长期的经营中表现出了统合两种社会空间的主观意愿，并对城—牧互动模式的生活表现出了较为能动的一面。随着社会活动空间扩大，牧民在嘎查与周边城镇之间的活动变得频繁。牧民生活与城镇—牧区两个生活空间发生无限交际，也增加了无限的可能性或机遇，城镇—牧区资源成为他们日常生活中加以利用的"社区资本"。从而，牧民开始将能够统合城镇—牧区两种资源的优势尽量发挥到更开阔的市场、网络平台之内，尽量地使家庭生活变得便利、丰富，并追求更高的生活目标。

综上所述，城—牧互动模式深刻影响着牧区生活的各个方面：周边城镇与牧业村落之间、同区域不同牧业村落之间的关系网络随着城镇与牧业村落之间的互动频繁而变得密集。社会网络反过来支撑城—牧互动模式，而牧民对生计开拓的热情与行动是密集的关系网络持续的关键。在城—牧互动模式下牧民家庭的生产方式出现了多元化的特征，最为明显的是家庭内部出现的长期或短期的雇佣劳动力的需求。在城—牧互动模式下牧民群体对牧业村落社区的认同来源于实际的生活环境，也包含虚拟化的"同嘎查""同村"及高一层级的地域性认同或业务往来关系为基础的认同。这是信息化时代微信等网络社交平台虚拟社区的直接影响。基于现代通信设备和交通工具，城镇与牧业村落之间的时空出现被压缩，但同时时空压缩的快捷、便利是以家庭成员在空间上的扩展分布为代价的，家人之间分隔两地的常态。

在城—牧互动模式下部分城镇与牧业村落，人的整体观念发生了变化。针对城镇和牧业村落之间的流动，牧民在长期的经营中表现出了统合两种社会空间的主观意愿，并对城—牧互动模式的生活发挥出了较为能动的一面。生产方式的多元化、社区居民生活信息的迅速化和集中化、社区家庭内部空间的扩展化以及社区生活的便利化和丰富化是中国现代化进程中统筹城镇—牧区改革发展的结果，也是民族地区现代化进程中文化、教育、医疗等社会诸多方面健全、发展的实际成果之一。总体来看，在牧民城镇化进程中形成的城—牧互动模式是内蒙古牧区现代化的一种不可逆转的趋势。"双碳"目标将在此趋势下付诸实践，是同一空间内多项治理的重叠进程。

第五节　"双碳"目标与社会—生态空间互动体系

关于内蒙古牧区现代化相关研究中，政策及市场常被视为外部因素来看待，进而认为牧民和牧区被动地卷入国家政策治理以及激烈的市场竞争当中，牧民群体则是时代巨变下的被治理推向现代化的对象。从文化人类学角度反思牧区现代化过程，牧民所处的"徘徊在变与不变的边缘"和"徘徊在传统与现代之间"（阿拉坦宝力格，2011）[①]的状态有其内在成因，在文化长卷之内以游牧文化体系为底蕴的牧区生活逻辑有着悠久的历史沉淀及相伴而生的游牧的文化心理。兼顾长时段历史脉络，从城—牧互动模式再"回头"来看，发现伴随现代化产生的牧区社会文化变迁的"阵痛"正在以自己的方式缝合着"徘徊"的一些心理落差，这主要体现在半个多世纪以来牧民群体性的经济行为的选择上。从经济学角度来讲，牧民的"徘徊"实际上衔接了城镇与牧业村落。在城镇化的推力下，随着牧民群体进入城镇频次、缘由的增加，表现出了自主性的一面，至少在年青一代的牧民群体中呈现了明显的主动性。从牧民对城市和牧业村落空间资源统合利用的经验观察，面对国家牧区政策和市场竞争，牧民能够发挥主观能动性解决自身问题的能力不可忽视。在城—牧互动模式下牧民基于便利的交通网络和通信设备，能够较为及时处理信息，对市场、政策变动形成一定的主观判断能力。因此，"徘徊在传统与现代之间"的牧民如今通过 10 多年的努力在角色心态上有了变化，从对城镇的陌生转变成为穿梭于牧业村落与城镇之间的经济主体。牧民群体在城镇与牧业村落之间的穿梭从单纯的逢年过节回乡看看变成基于创造一定的经济价值之后，对城镇的态度、流动、牧民的身份均产生了较大的改变，这是心态转变的主要促进因素。牧民从徘徊的心态进入了与所处时代、生活环境能够自主互动的个体。城—

---

① 阿拉坦宝力格.论徘徊在传统与现代之间的游牧［J］.中央民族大学学报（哲学社会科学版），2011（6）：51-58.

牧互动模式是内蒙古牧区现代化进程中的一种趋势和阶段，具有积极的意义。在城乡一体化阶段，牧民对于生活形式、职业身份有了选择性，他们可以根据生活中的机遇主动做出判断。多元的、机会开放性的社会环境也使其成员变得更加包容、进取。

城乡之间人员的流动性的增加打破了多年来的城乡二元模式，深刻地改变了城市和村落社会过去的结构。但从城乡二元模式到城镇化，中间需要经历过渡阶段，其长短取决于多方面因素。如前文所述，现阶段牧区城乡流动相关研究中关于牧民群体选择流动的支撑点的分析不够深入，认为目前的牧区城乡流动主要制约因素在于流动成本，超出成本核算的流动无法长期持续。牧民在城镇化的进程中能够保持流动的动力，主要是城镇的市场销量与村落产出之间的收益平衡，正因为现阶段的牧区城镇化的双向流动实际上是以严格家庭分工下的两栖模式的流动，双向流动的语义在不同的年代及不同省（区、市）的环境下表现形式上有所不同。在"三农"问题下农民工问题也会被抛开问题本身视为实现人口流动的一种方式。人口流动的频次与质量同经济发展的程度成正比。现阶段在高铁普及的东南沿海地区城乡之间的流动依托发达的商业网络人员能够较为高速流动，能形成庞大的劳动力市场。在内蒙古牧业区域，周边城镇与牧业村落之间的人员流动，与农民工模式的流动和市场化劳动力模式的流动都有所不同。牧区城镇化进程中的牧民群体的流动，基于他们自主性和牧业产品生产周期下的"慢生活"，有着综合其地域、文化、产业特性的一面。也因此在上一节中对城—牧互动模式只形容为"高频流动性"基础上的互动，"高频"是相对于内蒙古牧区村落与城镇之间宽距离和"慢生活"的节奏而言的。当前牧民自主性主要体现在牧民群体进入城镇后又与家乡牧业村落有着密切的联系，村落内的经济生产支撑着他们在城镇内的生计延伸及生活开销；"慢生活"更多体现着牧民群体自身所处的层层文化的形塑。城镇化与干旱戈壁气候环境、家畜的生长周期、畜牧业文化底蕴、区域性的发展滞后等诸因素结合成为"慢"的机理。城村之间的双向流动在这里流变为城村两栖下的时空挤压和以原有自然村为基础的社区边界的模糊化效果。

牧区城镇化下的城村两栖基本是以家庭为单位来维持的。他们的生活空间既属于城镇，又属于牧区。原属于牧业社区的人口以家庭为单位参与到城镇化的过程，也是牧区实现现代化的重要内容。在此进程中牧区的改变显而易见是人们生活条件的改善，而另一缓进的一层是人的心态、观念的变化。随着城镇化牧区人口在生计模式上产生的较大改变，经历十几年之后牧区人口开始对市场熟悉，从让步生态被动离开牧区转变为自主经营两栖生活，主动参与到城镇市场的形态。而在两栖阶段，进城的牧民仍然在身份认同上有着双重性，这来源于他们城镇内的生计结构中包含扎根于牧区乡土的部分。因此在维持生计层次上两栖状态的保持是在完成城镇市场和牧业村落产品之间的接轨过程。这是在生活日常领域内的内容，是对城镇和村落空间观察和利用时摸索出来的生计渠道对接的多重尝试。

现阶段内蒙古牧业区域城—牧互动模式体现了城乡空间整合的区域性特征。社会—生态空间转换既为社会子系统之间实现系统耦合[①]的显著表现（万里强等，2004）。城—牧互动模式与"双碳"目标之间实际上是在社会治理新的要求下的对接过程。在系统耦合视角之下，会发现社会规划、社会空间包含的多重性，会迫使这一模式所承担的时代重任分解到多个社会子系统，以及子系统之间的耦合上。"双碳"目标之后社会—生态空间之内包含了城镇社区治理、农牧村、流动人口、社会公共配套设施建设、社会普遍认知转变等社会诸多领域的协同。人类社会无法独立于自然环境而存续，社会赖以存续的能量供给离不开自然。空间名义下的"双碳"目标是人的社会再一次审视自身行为与自然和谐共存的过程，两者之间的互动最终是转变人的观念的工程。因此说到底人的流动及城乡二元模式转变到三大空间格局是要求社会群体性的生产、生计、生活观念的大转变。

三大空间格局的划分，是以人口的流动为潜在条件的。三大空间之间并不是相互隔绝的关系。从乡村人口进城来看，其转移形式多样，并带有区域性特点。在内蒙古牧区，城镇与牧业村落生计系统之间的互动主要经过对两处（城镇和牧村）均熟悉的牧民群体的流动积极性得以实现的。他们

---

　　① 两个或两个以上性质相近似的生态系统具有互相亲合的趋势。当条件成熟时，它们可以结合为一个新的、高一级的结构—功能体，这就是系统耦合。系统耦合这一事实广泛存在，但还较少引起注意。万里强，侯向阳，任继周.系统耦合理论在我国草地农业系统应用的研究［J］.中国生态农业学报，2004（1）：167-169.

是能够实现系统耦合的人的因素。社会政策、区域功能规划、行动中的理念坚持等均需要人的头脑的综合理解，并在日常行动中的践行而得以落实。而能够付诸实践即意味着对所处、所经历事务的熟练操作。牧民群体在 21 世纪最初的 20 年的城镇化进程中所积累的正是这一点，对城镇化的政策导向的解读以及将其同牧业生活产出之间的有效结合，是实现区域性的特色城镇化的关键，是多个社会子系统实现耦合的决定性因素。在人的因素上实现社会子系统耦合既有成功实践的部分，也有未尽的部分。一方面是社会转型所伴随的结构性的阵痛，另一方面是社会整体所面临的重大问题的升级，"双碳"目标的确立，对国家发展模式提出了直接的时间节点和相应的紧迫任务。

三大空间格局同"双碳"目标相呼应，进而强化了城乡之间的双向流动。在内蒙古牧业区域—牧互动模式的动力也会随着"双碳"目标的进阶而迎来新的动力。在社会政策导向下的人口向城镇区域的流动，会使城乡两栖人口对两类社会空间的利用更加密集从而会提高熟悉度，并会在互动中进一步刺激社会微循环系统，在实践中完成城镇市场体系与村落社会之间的系统耦合，即实现区域性的社会—生态空间之间的互动。

本章小结

本章内容从双碳目标下的碳汇空间需求开始，分析社会空间在社会政策实践意义上的多重性，并介绍在城—牧互动社区时空挤压的特征基础上提出城—牧互动模式。对城—牧互动模式的认识关系到对当前社会空间结构的深刻体会。同时在"双碳"背景下也需要对社区时空挤压需要再认识。虽然以社区为视角考察城镇与村落之间的关系有助于形象地了解现阶段进城牧业家庭的生活常态，但也因以社区为视角而忽略了人口流动带来的对特定边界意识的突破。在以往内蒙古牧业区域的研究中对约定性的边界意识认可较高，例如，自然村、互助组为单位形成草原界线意识。但以生态问题为前提，在"双碳"背景下的国土空间规划的要点则是对人类社会与自然空间之间关系的再认识。对草原经济功能和生态价值上要做出统一规划时，对其功能区域及利用模式加以分析和有效分隔。通过城镇化将流动的和流转的人口集中到周边城镇，也就是牧区城镇化与生态奖补机制相伴，基于人员城村之间的流动性，引导牧业村落常住人口有序进城缓解草原生态环境压力。

"碳汇"所需求的实际上是自然空间。在牧业区域，碳汇空间的实现载体主要是森林。草原的碳汇潜力还需要进一步的确证。但草原上人、畜活动有序减少，人口集中到周边城镇的过程既是空间上的大调整，同时也是城镇化和生态、牧区社会治理各项政策的实践过程。其中，本书所关注的是在空间转换进程中，进城牧民通过实践成就的部分，即城镇与牧区之间的流动性作为过渡模式。他们的流动性是借助现代通信、网络、机动车辆驾驶等条件来实现的。也因此在减碳行动之下，牧区城镇化应针对流动性设计减碳降碳的方式方法，并在碳汇空间的安排上加以体现。在"双碳"背景下，可持续发展的意义使三大空间又归为一体之内，系统解决生态问题的关键回落到对人类社会生产活动的有效控制，实现全领域协调降碳。"三生"空间相关研究中目前还未能深入的部分更多集中在关注社会空间格局大调整同区域人口生计活动之间的协调之上。这也是在下一章中基于具体案例探讨"双碳"背景下的城—牧互动模式培育的牧民经济主体的意义所在。

第六章

牧民自主经济主体与自然、社会文化资源

在"双碳"背景下，牧区城镇化有其特定发展轨迹，同农区城镇化有相同点，在实践过程中也有不同点。农业、农村政策对于全国农区有着普遍意义，而牧业、牧区政策则是在此框架内符合牧区特色的调整方案，是长期以来农业发展体系之内的牧业区域对相应政策、规定的因地制宜过程。在第五章中提到，牧区城镇化是"三农/牧"问题的主要抓手。牧区新型城镇化的过程在"双碳"背景下有了政策实施时空上的重叠性，牧区在实现城镇化、生态可持续之外，要承载"降碳"功能。对此重叠性的具体化需要两层级的落实阶段：第一层级是在时空上进一步落实牧区新型城镇化，打破城乡二元格局布局转为保证集聚经济和人口的"城市化地区"达到保护基本农田和生态空间的要求，在"农（牧）产品主产区"增强农（牧）业生产能力，"生态功能区"发挥保护生态环境和提供生态产品的功能，这是社会政策条目内要清晰表达的部分；第二层级则是在具体区域内因地制宜的过程，即具体的工作实践过程。这意味着第二层级充斥着纷繁的社会现象，是同日常经济活动交织在一起的生活过程。在本书不同章节中阐述了牧民及其家庭在过去30年经历的政治、经济大环境以及相关政策执行过程中随着生态问题的深入而呈现的区域性特色。这是从宏观和中观层次上对社会变迁进程的分析与解读，本章则主要从微观层次上了解系列国家政策和倡导的新理念在基层社会的实践。

本章主要在"双碳"背景下探讨城—牧互动模式对牧民自主经济主体培

育作用。在分析"双碳"、城—牧互动模式与以牧民家庭为单位的经济活动基础上，利用案例去分析新形势、新社会背景下的新的倾向。市场经济活跃的当下，个人家庭作为经济活动的主体之一，是国民活动的基础，承担着人口生产、保障劳动力、生产和消费产品的基本功能。本章在介绍巴彦淖尔市乌拉特中旗及呼伦贝尔市鄂温克族自治旗两个调查案例基础上探讨资源规定下的牧民生计决策过程及特点。

第一节　牧区资源与个体经济主体

个体依赖一定的自然和社会资源才能够供应机体所需进而维持生命。本章将个体对资源的依赖性置于个体经济活动及经济主体下探讨。在不同的社会政策环境下，个体迫于生计需求会综合利用所处环境的自然与社会资源来从事经济活动，以此来换回生活所需物资。在内蒙古牧区的多个案例中发现，随着市场经济体系的日趋完善，个体在经济网络中的作用越来越突出，个体成为经济活动中的重要主体。个人经济主体的自主意识的培育是中国社会主义市场经济体制建设中的重要成就。个人经济动力既能推动国家、社会及家庭经济活动，也能衡量经济整体效率的高低及社会资源配置是否合理。个人经济活动常常是整体社会及各类经济组织的基础和原动力。

在市场经济条件下，个体经济主体同时也指称以家庭为单位的经济主体，也就是社会生活中惯用的"个体户"是指以个体及家庭为单位的经营模式。个体经济主体有别于自然人，主要区别除能够行使经济能力外，主要的判断标准为有独立的经济收入或可独立支配的财产，并能通过经营获取合法利益。在城—牧互动模式下，牧民及其家庭可较为顺利地成为有自主经济行为的个体经济主体。其原因不仅在于市场经济条件下的个体自由流动及政策支持等因素，还在于牧民对现有牧区自然资源和社会文化资源的合理、熟练运用上。

个体经济主体可支配的资源因地因人而异，即使是以牧区为前提，因内蒙古牧业区域资源分布的不平衡性，不同地区的牧民利用基础生产资料生产出售的商品区别较大。在上文中也提到区域性的生计网络所呈现的牧民从事经济活动的特点，牧民群体的主要经济行为依赖他们基本的生产活动，如果当地的牧业生计以驼产业为主，那么该地区牧民进入城镇后的经营性收入多少都与骆驼相关联，包括旅游经营收入中也会突出与驼文化相关的内容。这说明在牧区城镇化的过程中，牧民群体的生计转变对原有的生产资料、生产技术及生活文化象征意义依赖较大。

在市场经济循环中，个体经济主体的经营范围有先天的限制因素，也就是利润空间决定人的经济活动的范围。牧民作为经济主体在牧区城镇化的环境内可创造利润空间受区域性的社会、经济、文化的影响，也因此他们的经营性活动有了地区性的特色。牧民个体的经营活动分布在活体牲畜交易、肉食及奶食品产品出售、参与旅游产业相关行业等几大类别内，想成为经营者的牧民一般通过学习、交流掌握信息及基本技术后短时间内即可加入从事经营的活动。

总体而言，随着进城牧民作为流动的自由劳动力，在两栖模式下自主经济主体正在迅速形成规模，牧民按照城—牧互动模式的时代特征在市场经济活动中表现出了主动参与的一面。人员参与市场经济后基本素质也随着市场消费群体的要求在不断改变和提升，包括学历在内的自身素质方面也有了较大的改变，为区域性的市场贡献了具有经济价值的知识、技术，成为有能力的人力资本。

第二节　自然、社会、文化资源的特殊性与其规定作用

本节首先引入乌拉特中旗相关城镇及 T 嘎查概况，以便在对其自然、社会、文化资源的地方性有客观理解的基础上；其次进一步讨论资源规定性、牧民生计决策及实现"双碳"目标的可能性等问题。

乌拉特中旗地处东经 107°16~109°42，北纬 41°07~42°28。北与蒙古国交界，有国界线 184 千米，东与包头市达尔罕茂明安联合旗、固阳县为邻，

南与乌拉特前旗、五原县、临河区、杭锦后旗相依，西连乌拉特后旗。全旗东西长 203.8 千米，南北宽 148.9 千米，总面积 22868.11 平方千米。乌拉特中旗人民政府驻地海流图镇，距巴彦淖尔市政府驻地临河区 161 千米，距内蒙古自治区首府呼和浩特市 391 千米，距中国甘其毛道口岸 135 千米。[①]

《草原史话》《草原星辰》两本书对了解 20 世纪 50 年代以来的乌拉特中旗当代历史、文化具有重要意义。书中相关乌拉特中旗介绍结合乌拉特政府网站上的公开资料，可对乌拉特中旗当代历史分成三个阶段来了解：

（1）第一阶段（1950~1980 年），成立乌拉特中旗人民政府，1952 年 10 月乌拉特中旗和乌拉特后旗合并，成立乌拉特中后联合旗人民政府。1966 年 8 月 24 日成立"乌拉特中后联合旗文化革命小组"，全旗开始陷入混乱，1968 年 3 月 10 日成立乌拉特中后联合旗革命委员会，实行一元化领导。1975 年党政分家，旗革命委员会行使政府职能。

（2）第二阶段（1981~1999 年），改革开放初期阶段。全旗工作重点回到了经济建设和提高人民生活水平之上，据《草原星辰》介绍（兰建中，2001）[②]，1999 年的旗支柱产业统计有五家公司：①海燕实业有限责任公司；②索仑（集团）有限责任公司；③内蒙古维信二狼山毛绒纺织有限公司；④温明矿业有限责任公司；⑤希热饮食品厂。

（3）第三阶段（2000 年之后），乌拉特中旗改革开放和经济建设进入深入开展、蓬勃发展阶段。全旗工作重点逐渐转移到了"工业强旗"战略上，把工业经济作为全旗几经发展的重要突破口，拉动经济增长，并起到反哺农牧业的作用。支柱产业类型主要是农畜产品加工业和矿山工业。为了不断创造经济增长点，乌拉特中旗加快"引进、改造、嫁接、提升"的步伐，进一步扩大对外开放，提高招商引资的水平，产业结构升级优化，全面推进工业主导的经济，促进社会文化全面健康发展。根据乌拉特中旗政府工作报告，2012 年与 2007 年相比，地区生产总值由 24.8 亿元增加到 93 亿元，[③]

---

① 本节内容依据乌拉特中旗政府网站本旗情况介绍整理而成［EB/OL］. http://www.wltzq.gov.cn/zjzq/（分别于 2018 年 7 月和 2022 年 12 月搜索）.

② 兰建中. 草原星辰［M］. 香港：中国科学教育文化国际交流促进会，2001：4-5.

③ http://www.wltzq.gov.cn，乌拉特中旗政府 2013 工作报告，2018 年 8 月。

2017 年增长到 106 亿元①。甘其毛都口岸及加工园区在招商引资、对外贸易多元发展过程中发挥了重要作用。据 2014 年统计，乌拉特中旗仅备案的外贸企业就达到 168 家，形成了煤炭贸易、矿产品进口、仓储物流、国际货运代理、农副产品、果蔬出口、钢材、建材、汽车进出口贸易等共同发展的多元化贸易格局。②

一、海流图镇概况

海流图镇③是乌拉特中旗政治、经济、文化中心。海流图河是一条南北向季节性河流。海流图在历史舞台上的行迹从 20 世纪 50 年代开始活跃。1949 年 9 月 19 日绥远和平解放，1950 年 7 月 18 日，乌拉特中旗人民政府在本巴台——乌兰敖包成立，人民政权在两顶旧蒙古包里办公，1951 年秋旗政府移驻海流图。1952 年 10 月乌拉特中旗与乌拉特后旗合并称乌拉特中后联合旗，驻地仍为海流图。1956 年 10 月海流图建为乡级镇，当时镇上有 2000 人左右。根据官网公布数据，2022 年海流图镇户籍总人口达到 1.57 万户、3.02 万人，其中，城镇人口 1.54 万户 2.93 万人。④

海流图是一条通商"银路"即商道。19 世纪初，包头成为中国西北地区牲畜、皮毛和粮食、药材的重要集散地，海流图是包头至新疆商道的一处货物集散地。所以海流图曾是通包头、宁夏、新疆、外蒙古大库伦的必经之路。过境有大量药材、粮食、皮毛、百杂货物，甚至烟土、枪支等。如今，海流图镇不仅是乌拉特中旗政治、经济、文化中心，同时也是中蒙边境重镇，是巴彦淖尔市区域经济发展的重要环节之一。以甘其毛都口岸、

---

① http://www.wltzq.gov.cn/ywdt/ztzl/rdkz/201812/t20181203_325063.html 乌拉特中旗政府 2018 工作报告，搜索时间 2019 年 8 月。

② http://www.wltzq.gov.cn/zwgk/zdlyxxgk/jjyx/201812/t20181203_320530.html（乌拉特中旗政府工作报告 2013）搜索时间 2018 年 8 月。

③ 海流图镇由来及建设发展概况主要根据兰建中《草原史话》中的"五十年代海流图"和王晓北"口岸经济带动内蒙古乌拉特中旗经济 5 年翻三番"。

④ http://www.wltzq.gov.cn/zjwzq/12gz/201809/t20180930_292089.html?slh=true 搜索时间 2022 年 11 月。

海流图镇城区、口岸加工园区为重点，以海甘线、海五线和西甘铁路、甘泉铁路为轴线，打造"一线三区"的中部经济隆起带，成为推动巴彦淖尔市市域经济发展的重要一极。在乌拉特中旗建设规划中，建设中蒙国际能源大通道、进口资源战略加工基地和草原特色浓郁的宜居城镇是政府工作的重点，着力构建甘其毛都口岸贸易区、海流图城镇区、金泉进口资源加工区三区联动互补并配套甘泉铁路，"一线三区"经济带，是乌拉特中旗培育的经济发展新优势。现今的海流图镇是政府服务平台、交通便利，文教娱乐、医疗卫生设施、服务现代化的边境宜居城镇。

二、甘其毛都镇概况

甘其毛都 [①] 镇于 2012 年成立，全镇总面积 4317 平方千米，中蒙边境线长 92 千米。辖 5 个行政嘎查、一个镇区，总人口为 21503 人，其中，镇区人口为 19104 人；5 个行政嘎查户籍人口为 2399 人，967 户，其中，牧业人口 2089 人 837 户，由蒙、汉、回等民族组成。镇人民政府驻地设在甘其毛都口岸。

甘其毛都口岸具体位置位于中蒙两国边境线 703 号界碑处，与界标对面就是蒙古国南戈壁省汉博格德县嘎舒苏海图口岸。甘其毛都口岸距南戈壁省达兰扎德盖德市 290 千米，距蒙古国首都乌兰巴托市直线距离 610 千米，是距离乌兰巴托市最近的中国口岸。甘其毛都为蒙语，汉语译为"一棵树"。

甘其毛都口岸开发发展情况如下：

从临时过货点到边境交易重镇：1989 年 12 月 20 日，甘其毛都口岸经内蒙古自治区人民政府批准，成为对蒙边境贸易临时过货点；1992 年 6 月 4 日，正式成为国家一类季节性双边口岸，同年 7 月开通，成为巴彦淖尔市向北对外开放的唯一国际大通道；2004 年，实现煤炭进口在非开放期间临

---

① 甘其毛都口岸由来及建设发展概况主要根据 21 世纪经济报 2012 年 10 月 16 日 "甘其毛都：来自蒙古国的煤"；中国企业报 2012 年 11 月 13 日 "口岸经济带动内蒙古乌拉特中旗经济 5 年翻三番"（记者王晓北）；内蒙古日报 2014 年 8 月 21 日刊登的 "加强中蒙旅游文化交流 彰显甘其毛都口岸魅力——中国·甘其毛都·中蒙旅游文化交流活动周掠影"。

时开放，5 月 28 日，蒙古国原煤正式通关；2007 年 9 月 12 日，经国务院以国函（2007）85 号文件批复，甘其毛都口岸扩大规模成为中蒙双边常年开放的边境公路口岸，12 月 27 日，海关总署发文批复同意设立乌拉特海关；2009 年 6 月 3 日通过国家常年开放正式验收，8 月 17 日，国务院正式批准甘其毛都口岸常年开放，8 月 28 日，乌拉特海关正式挂牌成立，9 月开始正式常年开放；2012 年经内蒙古自治区人民政府批复设立甘其毛都镇。

甘其毛都口岸是巴彦淖尔市对外开放的前沿阵地，内蒙古西部重要的对蒙开放贸易通道和连接欧亚大陆的重要纽带，"中国脊背"上的国际边贸城。甘其毛都口岸对应蒙古国南戈壁省嘎顺苏海图口岸，对外甘其毛都口岸将辐射蒙古国南戈壁矿产资源富集的省份，对内辐射内蒙古以及中国内陆。甘其毛都口岸大量进口蒙古国原煤，主要出口农副产品、服装和日用品。甘其毛都口岸将会是中国与蒙古国、俄罗斯之间的交易重镇。

自甘其毛都口岸开通 20 多年来，累计完成货物吞吐量 5141 万吨，其中，原煤进口 4943 万吨。为国家创关税、所得税等 101 亿元，实现贸易总额 62 亿美元。特别是 2011 年以来连续三年进出口贸易量和原煤进口量均突破 1000 万吨，成为内蒙古自治区过货量最大的公路口岸，已成为巴彦淖尔市对外开放的前沿阵地、内蒙古西部重要的对蒙开放贸易通道和连接欧亚大陆的重要纽带。

甘其毛都口岸作为国家一级陆路口岸，常年通关，口岸功能日益完善，是连接蒙古国、俄罗斯对外贸易的重要通道。其毗邻的蒙古国南戈壁省矿产资源丰富，其中，塔本陶勒盖煤矿（TT 矿）、奥云陶勒盖铜矿（OT 矿）是世界级的大型优质煤矿和铜金矿床。甘其毛都口岸被视为中蒙合作开发矿产的最佳通道。口岸基础设施建设累计投入资金近 120 亿元，是一座宜居的初具现代化的国际性口岸，是内蒙古自治区第三大口岸之一。

三、T 嘎查

T 嘎查是纯牧业地区，现属于乌拉特中旗甘其毛都镇。1963 年 7 月，巴音杭盖苏木成立后次年 T 嘎查成立，位于乌拉特中旗北部边境区域，距离中蒙边境 105 千米处。T 嘎查"总面积 1191 平方千米（178.6 万亩），共

264 户,其中,总人口 769 人牧户 220 户,牧民 559 人。全嘎查牲畜 0.99 万头。在 1998 年草场承包到户时,户口数 106 户,人口 387 人,总面积 181.6 万亩,户均面积 177.27 万亩"(苏亚拉,2015)。[①] T 嘎查所在的巴音杭盖大草原曾是适合游牧业的富饶草原,是乌拉特中旗北部重要牧业区域。

为治理草原退化、沙化,乌拉特中旗旗委、政府按照"分区禁牧、分期休牧、划区轮牧"的发展思路,加强天然草原的保护和建设。2002~2014 年,先后实施 12 期退牧还草工程,共计完成禁牧围栏 1030 万亩,惠及牧户 1742 户、5753 人。围栏休牧和划区轮牧 260 万亩,惠及牧户 703 户、2507 人。2011~2012 年,全旗就发放禁牧补奖资金 2.1 亿元。2013 年,乌拉特中旗政府投入 10976 万元,对全旗牧民发放禁牧补贴、牧业综合补贴和燃油补贴。根据 T 嘎查的调查,该嘎查从 2002 年开始划片禁牧,逐步从北向南(边境线往南)实施全面禁牧,2012 年后实施了根据草场面积,可放牧少量牲畜的禁牧形式。

本书所调查区域甘其毛都口岸和 T 嘎查的"不解之缘"源于煤矿和金矿。从地理位置上 T 嘎查是紧挨着口岸的边境嘎查,由于国境线对面的蒙古国境内的煤炭储量以及蒙古国方面对陆路运输的需求,使甘其毛都口岸成为日益发展壮大的新兴口岸城镇。T 嘎查的牧民也因此有了新的就业、从商等改善生活的多种渠道,同时,也不得不去忍受煤炭作业区不时飘来的煤尘。

T 嘎查另一自然资源为原生金的石英脉型金矿,因含金量较高,早在 20 世纪 90 年代就开始开采金矿。除了小型的采金企业早期开采之外,1994 年中国核工业总公司 208 大队入驻 T 嘎查,壮大了淘金者队伍。淘金,给嘎查牧民带来的是比煤尘更大的困扰,水土污染的担心以及矿坑、碾压草场的采矿车辆。

T 嘎查所拥有的富饶草原是嘎查牧民作为衣食主要来源的自然资源。2002 年之后,T 嘎查所在区域出现旱灾,加上矿产开发中的种种对环境的不利因素,使牧民在禁牧、生态保护的号召下,依靠政府积极补助、疏导下,开始融入周边城镇,开启了城—牧互动的生活模式。

---

① 苏亚拉.巴彦淖尔市乌拉特中旗甘其毛都镇图古日格嘎查蒙古族牧民精神生活研究 [D].内蒙古大学硕士学位论文,2015.

第三节　资源规定下的牧民家庭经济决策

城—牧互动模式是促成牧民自主经济主体的基本条件，进入城镇之后，牧民家庭的主要生活来源很难完全转型到"城镇打工"这一形式上，而更多的是依靠原有熟悉的生计模式进一步实施家庭内部的城乡统筹。在进入城镇生活的驱动下，牧民群体对周边城镇市场和网络市场变得敏感，调查中发现，如今在牧区日常生活中作为"谈资"内容更多的是集中在如何利用媒体、市场实现家庭致富之路。下面列举牧民进城的一些案例，这一时期的调查反映了牧区城镇化进程的前期阶段，也就是 21 世纪最初十年。

从 2002 年开始巴音淖尔市在乌拉特前旗、乌拉特中旗、乌拉特后旗、磴口县四个旗县施行"退牧还草"工程。前文中介绍了乌拉特中旗"退牧还草"工程主要方法是让牧户及时减少牲畜头数，限制在 100 头（羊）以内。在大畜的折算上，1 峰骆驼等于 7 只羊，1（头/匹）牛、马、骡子等于五只羊，1 头驴等于 3 只羊单位来计算。在围封转移、恢复生态的区域则给牧户补给 4.95 元/亩的形式，让牧民从草场转移出来，到城镇生活。到了 2010 年全区禁牧区域达到 1030 万亩，全区牧户从 2002 年的 7417 户的减少到 2010 年的 3207 户，已有 60% 的牧户搬迁至城镇。在乌拉特中旗图古日格嘎查以及周边苏木 22 户有效采访统计显示，他们进城的主要原因是禁牧政策的实施。[①]

LTY，女，46 岁，案例为乌拉特中旗巴音乌兰苏木人，目前与儿子一起在海流图镇生活。在进城之前有 3000 亩草场，300 多头牛，10 余匹马。2007 年因"围封转移"，搬迁至海流图镇。她说："以前我们有 300 多头牛，由于 2004 年开始禁牧，从 2007 年起完全禁止放牧。我们拿到每亩 4.95 元的补助，卖掉所有的牛来到海流图镇。在我看来围封转移、恢复草场的政

---

① 乌茹嘎.进城牧民的生活变迁与适应研究——以乌拉特中旗为例［D］.内蒙古大学硕士学位论文，2005.

策很让人为难。虽然已经进城 7 年了，但是城市的生活我们还是过不习惯。在城里一出门就得花钱，没有专业技能的人找工作也很难，刚开始我去饭店刷碗当服务员，这几年身体每况愈下，不太适合做服务员的工作。截至目前，我们仍靠那一年补给我们的 14900 元的草场补助过日子。如果在乡下放牧的话，我们现在仍然过着富足的生活。现在牛也没有了草场也没有了，感觉有一穷二白的样子。以前有牛羊时，别的不用说自己想什么时候吃肉就什么时候能吃上肉，现在肉都得从市场去买，特别贵，我们都吃不起。在城市里面找不到工作，待在家里也闷得慌，还是在乡下放牧比较好，自己能做得过来。"（采访者：乌茹嘎；时间：2014 年 5 月 19 日）

在另一位牧民 SYT 案例中进城后的情况，他说："我有 2600 亩草场。自从禁牧之后，我们就不能放牧了，如果放牧被抓，会被罚款或被拘留。因此我们把牛羊都卖了来到了城市。没有了牛羊，生活水平一下子下降了很多。没有收入。每亩 4.95 元的补助一年才 12870 元，靠这点补助在城市生活实在是有困难，以前在乡下时有牛、有马，虽然不算特别富有，但是比起现在算是很富有了。现在我们一家人的每年补助才 10000 多元，这么一点钱在城市里面生活实在太难了。天天闲着不行，怎么也得找一份工作做，但是像我们年纪大点的，人家也不想用，工作很难找。刚开始时政府的人说禁牧五年，后来又说接下来的五年还要禁牧。现在已经第十年了，不知道以后会是什么样子，也不知道以后的生活会怎么样。"（采访者：乌茹嘎；时间：2016 年 5 月）

从 T 嘎查外出务工人员的情况考察，在年青一代的人群中也不乏主动到城镇就业、创业、打工的人。图古日格嘎查牧户 B 家，有三个孩子，大儿子在外地打工，二儿子跑出租，第三个孩子还在上学。在采访中 B 的妻子说："我们有 600 多只羊，主要是山羊。我的草场一共 4000 多亩，这对于 600 只羊草场完全不够用，所以我租用了三家人的草场，现在所有草场加起来 3 万~4 万亩。禁牧时，如果在这个草场禁牧我们就搬到另一个草场，那个草场又禁牧了那就再搬一次，继续租赁还没有禁牧的草场。人和羊群一起来回搬迁，已经五年了。在这五年里我们一直坚持保留羊群。但由于经常性的不规律的流动，今年羊群没能很好地抓上秋膘。在我的草场上，虽然没受矿产开发的影响，但是口岸的煤尘一起风就会飘落到我们这里，使羊毛颜色发灰，收购时人家说我们的羊毛是陈年的，所以会压低收购价格，这让我们损失了不少钱。我的孩子们也不愿意回到嘎查放羊，他们愿意留在城市，以后他们应该不会回来吧。我个人觉得禁牧这个政策不是很好，100 只羊没有办法生活，再加上孩子们都在外面工作生活，我们也需要补贴他们的生活。"（访谈人：乌茹嘎，参与者：那顺巴依尔、乌云，访谈时间 2012 年 8 月 20 日）

B 的妻子所讲述的情况，其实是今天的 T 嘎查以及整个内蒙古牧区普遍存在的现象。首先牧民从生活长远以及可持续性方面考虑会租赁草场人和畜群一起来回搬迁，但从事这种劳动形式的都是 35 岁以上 65 岁以下父母辈的人。年轻人，像 B 家三个孩子在外地工作、附近镇里务工或还在校园的情况也是一种常态，因此在嘎查里很难见到年轻人的身影。在下文中也会讲到 T 嘎查其他家庭的情况，其中，只有 ZS 家的两个儿子（28 岁和 25 岁）回到家里帮父母经营畜群。

在本节涉及的调查以邻近边境的自然村 T 嘎查牧民在邻近城镇与牧业村落之间的经济活动轨迹为线索，考察了城镇与牧业村落之间的互动模式。在 T 嘎查案例中，牧民进入城镇的起因是环境压力下的政策性引导。在此过程中，牧民经历了徘徊的阶段，为面对生计转变，牧民采取了不同的应对方式。城村之间的流动开始变得频繁。

第四节　资源规定与市场风险对牧民经济主体的影响

本节内容是在对呼伦贝尔市鄂温克族自治旗（鄂温克旗）早期调查基础上形成的。该案例体现了牧民在 21 世纪头十年在市场经济活动中遇到的一些风险。在鄂温克旗的调查从 2010 年 7 月社会调查开始，调查范围包括鄂温克旗两镇一嘎查：巴彦托海镇、伊敏河镇和 Y 嘎查，调查主题主要涉及现代化、资源型发展和市场化对牧区社会文化影响。作为与海拉尔市毗邻的旅游热点区域，鄂温克旗的经济、社会、文化变迁相对快一些。2022 年 7 月，笔者再一次到鄂温克旗进行实地调查，被旗政府所在地巴彦托海镇的几处商业街道的景象吸引。这里有着兼具地域特色与民族特色的市场环境，在现有旅游、网络、交通、物流条件下，该地区乳业、肉业依托深厚的畜牧业背景形成了以牧民自主经营为形式的特色产业链。当地饮食特色与市场之间的结合更加促进了牧民自主经济活动。该部分内容会在第七章中进一步阐述。

一、鄂温克族自治旗概况 [①]

鄂温克族自治旗（鄂温克旗）是全国三个少数民族自治旗之一。位于内蒙古自治区东部，东与牙克石市接壤，南同扎兰屯市、兴安盟的科右前旗交界，西和新巴尔虎左旗为邻，北邻海拉尔区、陈巴尔虎旗。该旗建旗较晚，旗境自 1948 年呼伦贝尔地区与内蒙古实行统一自治属于索伦旗管辖。1958 年 4 月 11 日，内蒙古自治区人民委员会向国务院上报"撤销内蒙古自治区索伦旗，成立鄂温克族自治旗"的报告。同年 5 月 29 日，经国务院第七十七次全体会议决定，撤销索伦旗，在原索伦旗的行政区域内成立鄂温克族自治旗。8 月 1 日，鄂温克族自治旗宣告成立。

1969 年 7 月，根据《中共中央关于变更内蒙古自治区行政区划的规定》，鄂温克族自治旗随呼伦贝尔盟划归黑龙江省管辖。1973 年，鄂温克族自治旗在大雁设立办事处，1974 年 2 月，经黑龙江省"革命委员会"批准，设立大雁镇。同年 9 月，镇"革命委员会"成立。1979 年 7 月，根据《中共中央、国务院关于恢复内蒙古自治区行政区划的通知》，鄂温克族自治旗重新划归内蒙古自治区，仍归呼伦贝尔盟管辖。1980 年 12 月，恢复旗人民政府和公社管理委员会。1984 年 10 月在鄂温克族自治旗第五届人民代表大会

---

① 在本节中的一、二、三小段内容是在阅览鄂温克旗政府网 https://www.ewenke.gov.cn/ 及《鄂温克族自治旗志》《鄂温克族自治旗统计年鉴》综合而成。

鄂温克族自治旗史志编纂委员会编.鄂温克族自治旗志（1991-2005）[M].海拉尔：内蒙古文化出版社，2008.

鄂温克族自治旗史志编纂委员会编.鄂温克族自治旗志（2006-2016）[M].海拉尔：内蒙古文化出版社，2018.

鄂温克族自治旗统计局编.鄂温克族自治旗统计年鉴（2020）、（2021）（该统计年鉴无出版信息）。

第一次会议上，撤销公社建制，成立苏木乡镇人民政府；撤销生产队，恢复嘎查称谓。此后经过几次变更，2001 年 10 月，呼伦贝尔撤盟设市，鄂温克族自治旗辖属于呼伦贝尔市，旗政府所在地仍为巴彦托海镇。

鄂温克族自治旗是多民族聚居的边疆牧业旗，旗内共有 25 个民族，根据 2021 年公布的人口数据，全旗总人口 135482 人，其中，少数民族人口为 60171 人，占总人口的 44.4%；鄂温克族人口为 11998 人，占总人口的 8.86%。作为牧业旗县，旗内有大片草原资源，牧区（乡村）户数 11471 户，人口 25619 人。畜牧业以牛羊为主，2021 年，实有头 / 只数为牛 164759 头，其中，能繁殖的母畜 91647 头；羊总数 863333 只。[①]

全旗有 5 个苏木、4 个镇和 1 个民族乡，分别为辉苏木、伊敏苏木、巴彦嵯岗苏木、锡尼河东苏木、锡尼河西苏木、巴彦托海镇、大雁镇、伊敏河镇、红花尔基镇、巴彦塔拉达斡尔民族乡。此外，旗内还驻有国家煤电联营一体化企业华能伊敏煤电有限责任公司、呼伦贝尔市属煤炭企业神华大雁集团公司和呼伦贝尔市属林业企业红花尔基林业局；2 个国家级自然保护区：辉河国家级自然保护区、红花尔基樟子松林国家级自然保护区；2 个国家湿地公园：莫和尔图国家湿地公园、红花尔基伊敏河国家湿地公园；1 个自治区级经济开发区：呼伦贝尔市巴彦托海经济技术开发区。

鄂温克旗自然资源丰富，旗所辖土地总面积 19111 平方千米，其中，草原面积 11900 平方千米，占全旗总面积的 62.2%；林地面积 6462 平方千米，占土地面积的 33.8%，有全国最大的樟子松母树林基地，闻名世界的沙地樟子松林带。自治旗地处大兴安岭山地西北坡，平均海拔高度 800~1000 米。属中温带大陆性季风气候，冬季漫长寒冷，夏季温和短促，年平均温度在 -2.4℃~2.2℃，无霜期在 100~120 天。境内有伊敏河、辉河、莫和尔图河、锡尼河、维纳河等河流 163 条，河道水域面积约 108.8 平方千米。野生动物有 4 目 14 科 49 种，其中，国家级保护动物 12 种；鸟类有 16 目 34 科 140 种，其中，国家级保护鸟类 49 种。野生植物共有 72 科 284 属 621 种，其中，有经济价值较高的植物、食用植物和名贵药材，如防风、玉竹、列当、黄芩、黄花菜、荨麻、山丹、草原白蘑等。地下资源以煤为主，保有储量在 300 亿

---

① 鄂温克族自治旗统计局.鄂温克族自治旗统计年鉴（2021）(该统计年鉴无出版信息)：32–33。

吨以上，还有铁、石灰岩、大理石、锌、铝、铍等矿产资源。

二、21世纪初鄂温克旗畜牧业工作

21世纪伊始鄂温克旗在建旗重点工作根据每个五年计划部署有所调整。总体上从工业化发展转向生态建旗。以鄂温克族自治旗经济发展为中心，"十一五"规划（2006~2010年）期间实施工业强旗战略，加快了旗内工业经济发展。"十一五"期间全旗生产总值取得了快速增长，年均增长18.9%，到2010年该旗县域经济基本竞争力达到全国排名第479位，西部百强县排名第88位。虽然在这五年期间鄂温克旗农牧业在遭受旱灾、暴风、暴雪等灾害，但经过有效应对灾情，依托经济增长的区域优势，稳步推进了"乳、肉、草"产业化进程，仍保持了畜产品产量的增加，畜牧业生产保持了稳定的发展。2010年鄂温克旗牧业年度牲畜头数达到828513头（只）。肉产量由2006年的11936吨增加到2010年的17673吨，年均递增8.2%；鲜奶总产量、出售商品奶、绵羊毛产量、牛皮产量等均有大幅度的增加。该阶段随着牧民购买力增强和认识水平的提高，鄂温克旗农牧业机械化程度有了很大的提高，农牧业机械总动力由"十一五"规划期初92471千瓦增加到期末162959千瓦，大中小型拖拉机由5001台增加到6628台。牧区用电量由58万千瓦小时增加到了98万千瓦小时。

"十二五"规划（2011~2015年）时期，该旗生产总值以年均11.4%的速度保持增长，人均GDP为78916元，连续五年超过了全国平均水平。全旗农林牧渔业总产值由2011年的108512万元增加到2015年的146901.6万元，年均递增8.7%。牧业年度牲畜头数期初的873891头（只）增加到期末为1009612头（只），年均递增2.9%。畜产品产量在肉类、奶类产量总产量上有所减少；绵羊毛产量、牛皮产量有了较大幅度增长。农牧业机械总动力期末200648千瓦，大中小型拖拉机总数6149台。

"十三五"规划（2016~2020年）时期，地区生产总值（GDP）初期仍保持了全旗经济平稳增长。2016年全旗地区生产总值完成1156879万元，按可比价格计算同比增长7%，人均GDP达82878元，同比增长8.4%。到2020年为1106256万元，同比下降1.9%，人均GDP达80978元，同比下降 1.4%。2016 年，全旗加强畜牧业基础建设，调整和优化畜牧业生产结构，推进新牧区建设，畜牧业质量效益明显提高，全旗牲畜头数达 658475 头（只）。虽然 2020 年受疫情影响旗牧业经济发展平稳，牲畜总头（只）数为 991197。全旗有农牧业机械总动力从 2016 年的 201516 千瓦增长到 2020 年的 204555 千瓦，大中小型拖拉机总数达到 8022 台。

21 世纪初走过的三个五年计划鄂温克旗牧区经济在体制方面进行了相应的改革。主要是有序进行了草牧场流转与规范化经营、执法体制改革、草原确权、金融服务等牧区综合改革。通过牧民经济合作组织的建立、金融资金支持在牧区经济建设上取得了显著的成果。牧民合作经济组织得到的迅速发展与鄂温克旗牧区改革进程同步。根据 2016 年的数据，鄂温克旗已成立 501 个合作社，成员总数 4430 人，带动成员数 11689 余人，其中，从事畜牧业养殖 464 个，农机合作社 12 个，种植合作社 12 个，特色养殖 4 个，发展少数民族文化制作民族工艺品 8 个，奶制品加工合作社 1 个。

在牧业现代化发展进程中，牧区金融服务是牧区工作改革的重要项目。资金支持是破解牧区金融服务"最后一公里"难题。鄂温克旗逐步改善牧区投资环境的同时，启动牧区金融制度改革，设立政府担保基金，推行多种担保和抵押贷款业务。具体做法是政府牵头引入包商村镇股份制银行，为普惠金融深度发展奠定基础，解决了"三牧"融资难的问题；引入汇祥小额贷款公司，填补市场空白点和应急资本的需求；组建成立旗级国有全资的信成担保公司，优化担保结构和融资抵押难的问题。《鄂温克旗主体功能区建设试点示范实施方案》通过了国家两部委审核。为促进畜牧业产业化，推行草牧场经营权抵押担保市级试点工作，办理、发放了专项贷款。

在牧区综合改革中，牧区产品销售始终是重要的环节。鄂温克旗针对产品销路进行了多项针对性的工作，完成了通过建立绿色农畜产品质量可追溯机制建设，实现了市级试点完成服务平台、肉类加工企业、养殖户、网络电商之间收售环节的闭合，20 万只肉羊实现安全监管可追溯。"互联网＋草原畜牧业"战略和"公司＋基地＋协会＋牧户"的利益联结模式，发展牧民专业合作社 488 个，加工企业完成销售收入 26331 万元，完成增加值 5525 万元，带动农牧户 3906 户。完成 30 万只肉羊实现从牧场到屠宰加工的安全监管追溯体系，千户牧民建立基本信息档案，签订《草原散养羊追溯体系保险意向书》。实施绿色品牌战略，申请"鄂温克短尾羊"地理标志，5 家企业获自治区"名优特"农畜产品称号，光明乳业 40 吨液态学生奶生产线全部建成。"阿力腾"成功入围内蒙古名片价值品牌，品牌价值 1.63 亿元。

三、鄂温克族自治旗牛奶产业

牛是鄂温克旗经营的主要畜种之一，旗牧民有着丰厚的养牛经验。牛品种有三河牛（本地良种牛）、锡尼河牛（本地良种牛）、黑白花牛（荷斯坦高产奶牛）、西门塔尔牛（良种肉牛）等优良品种。1990 年之后在稳定和完善牧业家庭经济责任制的基础上，根据旗内自然、经济等条件，调整畜牧业生产布局和结构，提出"以奶牛为重点"的畜牧业发展方针，加快了奶源基地建设。引导牧民改变原先"户户有五畜，家家小而全"的自然经济观念，转向畜牧业生产专业化、社会化的商品经济理念。

鄂温克旗内锡尼河西、辉、伊敏、锡尼河东四个苏木奶牛数量最多，其中锡尼河牛主要集中分布在锡尼河西苏木、锡尼河东苏木、辉河北部地区；三河牛多分布在巴彦托海镇、巴彦嵯岗苏木、巴彦塔拉达斡尔民族乡；黑白花牛集中分布在海拉尔—尹敏公路沿线"80 千米奶牛带"以及大雁塔区。1991 ~ 2005 年，鄂温克旗奶牛养殖户数由 216 户增加到 3972 户，占全旗牧户总数的 69.48%；鲜奶产量由 35347 吨增加到 150687 吨，是 1991 年的 4.26 倍；出售鲜奶由 30198 吨增加到 129657 吨，是 1991 年的 4.29 倍。

1999 年以后，鄂温克旗依托上海光明奶业市场优势，在海拉尔至伊敏公路沿线 6 个乡镇苏木、24 个嘎查，实施"政策促动，龙头牵动，项目带动，投资拉动，基地联动，科技推动"的奶业发展战略，全面实施"80 千米奶牛带工程"。到 2005 年牧业年度，全旗牛存栏 15.31 万头，比 1998 年增加 3.2 万头，其中产奶牛头数达 4.70 万头；奶牛单产由 1998 年的 1.44 吨提高到 2005 年的 2.79 吨，提高 51.61%。2005 年，奶产业占牧业产值比重达到 70%。

1999~2005 年，中共鄂温克旗委、旗人民政府颁布《发展奶牛业的决定》等优惠政策和法律、法规，鼓励招商引资举办奶牛场，逐步开展鼓励"超万吨苏木、千吨嘎查、百吨牧户"活动，利用一年一度传统民族节日举办赛牛会，重奖售奶大户，表彰科学养牛典型，表彰冷配技术员等。全旗传统粗标准化奶牛饲养放的奶牛业经营模式逐渐向放牧加舍饲、全年舍饲集约经营模式转变，生产环境和管理得到明显的改善和提高。通过抓示范、树样板活动，充分调动广大养牛户的积极性，促进奶业生产基地的发展。到 2005 年，全旗奶牛专业养殖小区达 11 个，其中，水电、卫生、服务、交通设施配套、功能齐全的奶牛养殖小区 2 个，规模奶牛养殖场 4 个，奶牛示范家庭牧场户达 100 余户。"80 千米奶牛带工程"的实施，加大了对奶源市场扶持力度。首先与上海光明乳业进一步达成共同发展奶业生产合作协议，提出"再造光明"企业建设口号；其次通过整顿、关闭、整合、重组中小乳品加工企业，改变了过去奶源市场无序竞争、低水平经营状态，巩固了上海光明乳业公司在奶源建设中的主导地位。

为加强奶源基地建设，鄂温克旗全面实施项目带动、基地联动战略，集中国家发展改革委、农业部、财政部、水利部等部门投入的"国家农业开发项目""天然草原保护与恢复建设项目""天然草原退牧还草项目""牧区开发示范工程项目""节水灌溉项目""高产奶牛基地建设项目""草原生态项目""世界银行贷款灾后重建项目"及加工企业金融贷款等资金，到 2005 年总规模达到 1.3 亿多元（其中国家投资 5000 多万元，内蒙古自治区、呼伦贝尔市、鄂温克旗三级配套 1500 多万元，牧户自筹 4000 多万元，加工企业投入 2500 多万元，金融贷款 500 多万元），人工种植饲草累计达 25000 多公顷，饲料 18000 公顷，围栏草场 40426 公顷，改良草场 57693 公顷，棚舍 1855 处、204000 平方米，青贮窖 3 万立方米，购置挤奶器 46 套（其中，管道式挤奶设备 1 套、手推式挤奶器 45 台套），打基本供水井 12 眼，开发缺水草场 240 平方千米，建设机电井 285 眼，草原禁牧 23000 公顷，休牧近 10 万公顷，封育 36000 公顷，划区轮牧 6300 公顷，有力地促进了奶牛基地建设。

2005 年，根据公开数据鄂温克旗境内母牛比重由 1998 年的 40.8% 提高到 2003 年的 46.9%；良改牛比重由 87.3% 提高到 99.99%，其中，良种率达 14.23%，较 1998 年提高 9.23 个百分点，畜群内部结构得到了明显的优化。人均占有鲜奶及每个牧业劳动力生产经营水平明显提高。按全旗总人口平均计算，人均占有鲜奶总量由 1998 年的 297 千克提高到 2003 年的

625 千克，提高 328 千克；平均每个牧业劳动力为社会提供鲜奶由 1998 年的 5355 千克提高到 2003 年的 7632 千克，提高了 2277 千克。

自 2000 年鄂温克旗推出"近奶远肉"的畜牧业分区发展规划以来，2006 年，全旗鲜奶产量 17.39 万吨。2008 年，该旗启动奶业振兴计划，以增加牧民收入为出发点，以乳企和奶牛养殖户为主体，立足奶牛业提质增效，完善和加强奶牛良种繁育体系建设，加快标准化养殖步伐，扩大龙头企业生产能力，2008 年，全旗鲜奶量突破了 20 万吨。2009 年后受"三鹿奶粉"事件影响，洋奶粉大量涌入中国市场（以新西兰、澳大利亚等产区为原料的奶粉），严重冲击了中国的乳业市场，鲜奶被压价，牧民养殖奶牛的积极性严重受挫，全旗奶牛存栏量逐年减少。为应对冲击，鄂温克旗财政拿出 1000 万元奶业专项资金，用于乳品企业贷款贴息、牧民购买奶牛补贴、种植青贮补贴。到 2016 年，全旗牛总头数减至 9.5 万头，到 2020 年恢复到 14 万头。鲜奶产量大体稳定在 10 余万吨。

2009~2016 年，因国产原料奶粉进入了销售不畅、价格大幅下降阶段，该阶段呼伦贝尔市大乳产业进入低谷期，部分乳品企业面临被迫停产或转产。2016 年，鄂温克旗境内的 4 家乳制品生产企业全年累计加工牛奶 15845 吨，比 2011 年加工的 77803 吨下降近四成。"三鹿奶粉"事件之后，乳业龙头企业建设成为鄂温克旗重振乳业的重要工作。旗境内的四大乳品企业升级转产情况体现在以下四个方面：

（1）呼伦贝尔光明乳品有限公司，位于鄂温克旗北部巴彦托海镇南郊，注册资金 1160 万元，工厂占地面积 44121 平方米，建筑面积 13151 平方米，员工人数 127 人。主要生产设备有日处理 200 吨牛奶奶粉生产线 1 条和日处理 20 吨牛奶液态奶生产线 2 条，日加工原料奶能力 300 吨，是鄂温克旗最大的原料奶粉生产企业。受原料奶粉销售不畅的影响，公司于 2015 年 10 月停止生产原料奶粉，开始产品的转型升级，2016 年 4 月，完成学生奶生产设备的安装和厂房改造，开始生产学生奶。

（2）呼伦贝尔阳光乳业有限公司成立于 2007 年 7 月，位于鄂温克旗中部的伊敏苏木，注册资金 850 万元，占地面积 3.8 万平方米，建筑面积 9000 平方米，日加工鲜奶能力 150 吨，员工 52 人，2016 年 9 月停产后与江西阳光乳业股份有限公司合资成立呼伦贝尔籁特乳业有限公司。

（3）呼伦贝尔大雁乳品有限责任公司，位于鄂温克旗东部的大川塔镇，成立于 2005 年 12 月，注册资金 1000 万元，2016 年销售收入 2140.6 万元，曾被评为"A 级信用纳税人""诚信守法 A 级单位""扶贫龙头企业""农牧业产业化重点龙头企业""呼伦贝尔市知名商标""内蒙古著名商标"等，拥有良好的信誉。

（4）呼伦贝尔天茞乳业有限公司 2002 年 9 月 9 日成立，位于巴彦嵯岗苏木，占地面积 3 万平方米，生产车间面积 3306.92 平方米，总建筑面积 6700 平方米，公司员工 57 人，2016 年再次升级改造。

四、鄂温克族自治旗 Y 嘎查牧民生活[①]

Y 嘎查是鄂温克族自治旗"80 千米奶牛带"上以养奶牛为主的牧业嘎查。随着鄂温克旗畜牧业适用增产技术的综合应用，集约经营水平逐渐提高，畜牧业先进生产技术的组装配套应用，产生了强大的技术示范和辐射作用，进一步推动了牧民学习科学技术饲养高产奶牛品种的尝试。奶牛改良是提高奶产量及奶产品品质的有效途径。Y 嘎查奶牛品种的转变是 21 世纪初鄂温克旗奶源基地建设规划初期开始的。在对奶源区奶牛品种调查的基础上，鄂温克旗调整了奶源区品种布局，引进了加拿大荷斯坦冻精吸管进行奶牛冷配改良，1999~2005 年累计设立站点 80 处，冷配奶牛 54534 头，受胎率达 93.5%；引进高产奶牛 5000 余头。

笔者于 2010 年参与社会调查项目，所调查到的情况正是鄂温克旗在 21 世纪初奶业发展规划的初期阶段。当时项目组人员入户访谈了嘎查境内的大多数人户，其中，有效案例为 52 户。该阶段调查显示 Y 嘎查牧民生计收入主要来源于他们出售的牛奶，牧户养殖高产奶牛（以黑白花奶牛为主），该嘎查高产奶牛覆盖率达 80%，牧户奶牛规模最多的达 40 头。当时嘎查内设有阳光乳业鲜奶收购站，有专职收购员一名，每天按时到户送检取样及收购牛奶。受当时三鹿奶粉事件影响，奶价有所下跌。

---

① 该部分内容基于笔者 2012 年撰写的一篇短文基础上重新编辑而成。陈红.牧民视野中的工业化——内蒙古 Y 嘎查案例［J］.绿叶，2012（8）：47–54.

此阶段除奶牛更换品种、积极参与奶产业建设之外，Y 嘎查也面临另一种现实即矿产开发之后的草场缩减。1973 年嘎查境内发现了储量可观的煤炭资源。于是 1976~1985 年建立了矿区和矿区办事处，1988 年该办事处转变为矿区小镇。与此相应，Y 嘎查分别在 1976 年、1983 年、1990 年三次进行搬迁。嘎查离水源近的夏营地牧场留给了煤矿。Y 嘎查牧民定居到了原先的冬季打草场。Y 嘎查东北十几千米处是矿区所在的小镇，被当地人称为"大矿"。矿区依河而建，这条河为矿区发展提供了非常方便的自然水资源。1976~2007 年，矿区从 300 余人的社区发展成为近 3 万人的小镇。现矿区辖两个社区、一个嘎查，从其人口构成情况来看，两个社区内主要集中了全镇总人口的 73%，大多数人是区外迁移人口，人员工作类别同矿区各类业务进行挂钩形成了业务联系网络。

在采访中牧民反映了该阶段牧民依靠奶牛产业转变生计模式时面临的现实问题。"我们的努图克（家乡）那时非常美，四季不用为牧草担心，很少遇到灾害，在大矿之前这里户均牛群数量近百头，但现在巴掌大的地方，牧草成了问题，不够牛群吃，牧草都没有营养了，牛在秋天长不了膘，过冬就困难。现在一下雨，我们草场上都是矿里来的骑摩托车的人，他们是来捡白蘑菇的，他们肆意破坏我们冬季打草场上的铁丝网，为此发生了不少口角"。（牧民 S 男，40 岁，是 Y 嘎查原住户，2010 年 7 月采访）"一头高产奶牛 12000 元左右，三年内更换一批，饲料、草料、药物也很贵，我们这里冬天冷，高产奶牛秋天到冬天奶量近减一半，高产牛不像本地牛，很娇气，我们生活开支就靠牛奶收入，就怕奶牛遭病灾，养高产（奶牛）饲草料都得买，这几年入不敷出。我们嘎查不借高利贷的人家少，几乎家家都有贷社。信用社贷款手续太麻烦，还得到处找人托关系才能借到一点钱。信用社贷款周期短，虽然能申请延期，但还不上就没有办法再从银行继续贷款了，有急用还得找高利贷。"（牧民 A，男，55 岁，2010 年 7 月采访）

当时还有人表达了牧业以外的就业诉求"我们大队 50 岁左右的人都有两个孩子，出去上学回来拿了文凭也没有合适的工作，现在都在家待业，有几个打零工的。希望矿里能给我们的孩子安排工作。现在的孩子都不喜欢养牛。即使他们喜欢养牛草场也不够用了"。（牧民 S，女，47 岁，2010 年 7 月采访）"当时大矿承诺给部分人安排工作，他们应该履行当初的说法，给我们有文凭的孩子安排工作。他们总是招外地人，总说我们的孩子专业不对口，国家也有规定，企业应该给当地人就业机会。"（牧民 C，50 岁，男，2010 年 7 月采访）

Y 嘎查的情况是当时在周边嘎查相比因草场变窄而人地矛盾较集中，采访中嘎查内多数人都表达对家乡生态环境的担忧。Z（男，67 岁）是一位外来户，从他介绍自己的情况得知，他是矿区最早一批外来务工人员，后来退休后没有回家乡，而是以租赁草场的形式生活在 Y 嘎查。他说"1976 年我刚来这里时，草很高，河水非常深，鱼也多，现在都不行了。前两年我还有 30 几只羊，现在都换成高产（奶牛）了，雇了一名工人。在嘎查里我的牛群算是最多的，40 多头高产。每天牛奶收入能达到 500 元左右。我家的棚圈、青贮窖都还可以，但是想再增加奶牛还得再雇佣一名工人，投入有点大了。"除了 Z 家外，Y 嘎查有一户人家的经营方式也类似于 Z，虽然他自己是 Y 嘎查人，但自己在大矿厂区有工作（企业临时聘用），家里的人也跟着他在矿区，嘎查内的草场他并没有租赁出去，而是雇了一人看管奶牛，自己在嘎查与矿区之间来回跑，同时经营嘎查和矿区的生计。他说"政府支持养殖高产奶牛，目前前景还是好的，只要奶牛不出问题通过出售牛奶还是能经营下去"（J，男，30 多岁，2010 年 7 月采访），他家现在有 30 多头奶牛。

总体上来讲，关于生态问题综合牧民的看法，草场退化主要是因为草场面积的缩小。现在嘎查草场面积小加上每户都有围栏，不能轮牧，如果减少畜群头数就无法支付生活开支，矿区又不提供合适的工作岗位，只能人畜一起挤在现有的小片草场上过日子。Y 嘎查牧民把奶牛分为两类——"本地牛"和"高产奶牛"。牧民家不管奶牛头数多少，几乎每家牛群中都有一两头本地牛，问起原因，主要有两个：一是牧民对本地牛的喜爱和不舍，二是自家奶食品的需要。牧民说高产奶牛牛奶比较稀，不如本地牛奶好喝，加工出来的奶食品也不如本地牛奶做出来的好吃。牧民分析高产奶牛活动不能多，容易生乳腺炎症；本地牛一天早晚挤两次，高产奶牛三次；本地牛主要吃草、秸秆和少量饲料，高产奶牛必须每天用饲料喂养，怕冷，容易生病。

20 世纪 80 年代之后的牧区整体上走过了类似于 Y 嘎查的过程。地方经济增长的任务早期主要依靠工业化发展。因矿区的出现 Y 嘎查草场变窄，牧民失去了经营轮牧的可能，此后经历草畜双承制，改变了集体使用草场的经营方式，进入小块草场围栏养殖阶段，之后进入改善草场退化为背景的生态治理阶段，禁牧休牧、圈养，为迎合牛奶市场的需求淘汰本地牛引进高产奶牛。

21世纪初头十年的鄂温克旗牧民生活因奶源基地与国内的奶业市场联系在一起。对于Y嘎查21世纪初的牧民生计可以从以下三种角度进行分析：一是Y嘎查原有的草场可以承担大规模的畜群量，而草场的承载量是以轮牧为前提的。矿区占用Y嘎查大片土地后使嘎查所拥有的畜群基数较多，并且一直以来嘎查人口有增无减，因此嘎查境内自然会出现草场、人、畜紧张关系。二是在市场需求的促进下，Y嘎查人迅速接受高产奶牛，淘汰本地牛解决了本地牛个数多但牛奶产量低的问题，但同时受奶业市场价格波动影响，并面临前期投资增多、购置饲料、开垦青贮地等新一轮生产问题。三是出现了城镇与牧区之间的互动，一部分人开始转变畜群经营方式，大多数人通过牛奶厂家收购直接参与到了奶市。

21世纪初是牧民生产生活方式急剧转变的阶段，牧民草场、畜群的重大变化意味着他们基础生产生活领域的转变，这意味着他们必须重新定位自己以及身处的社区、文化。此时，家乡生态环境的变化、生产成本的提高、就学、就医、就业的困难与矿区的大踏步前进的场景形成了对比。牧民对家乡的怀念与向往之情夹杂悲观、焦虑成为情感混合物，这或许是牧民回忆过往时表达后知后觉之感的原动力。Y嘎查牧民淘汰本地牛引进高产奶牛进一步实现了集约化生产的目标，通过嘎查内的奶站，高产奶牛牛奶流向了市场，但对该区域的牛奶当时也无法贴上绿色环保的标签来维护国产奶粉奶源可靠的口碑，甚至无差别地受到了全国奶业市场的信任危机，并无法抗衡国外品牌奶粉的市场占有率。

本章小结

在21世纪初出现的牧民在城镇与牧区之间的来回状态，尤其是在人力资源方面，如在进城牧民的采访中反映的，他们"不想闲着"，但是又找不到合适的工作。这无疑是一种矛盾状态。这也有悖于政府工作、政策的初衷。

再从"城—牧互动模式"角度来看，牧民现如今的处境，还处于转变的过程当中。从宏观或者哲学的高度，"传统"与"现代"之间的转变是很好理解的。但在一个嘎查境内的日常生活中，很难区分传统与现代之间明确的界限。就按 B 家情况来讲，人—畜转场避免禁牧而卖掉畜群的现象，它本身就是一个混合体，牧人拥有放牧畜群的技术和经验，他们愿意依靠自己的技术去让自己的生活有保障，而他们的技术、经验与"游牧传统"有直接的关系，但他们的经营方式又是全新的——需要租用还没有禁牧的草场、利用农用车辆把畜群转移过去、牧忙时考虑雇佣帮手、用牧业生产的钱补贴城市生活的孩子等一系列事情。

乌拉特中旗 T 嘎查牧民及鄂温克族自治旗 Y 嘎查牧民的案例中有"徘徊"的牧民也有积极经营牧业或城市生活的牧户。在"徘徊"的牧人中有的在等待禁牧结束所以出现了徘徊，而有的争取早日融入城镇生活，正处于转变期所以显得徘徊。但共同的一点是牧民已经意识到了在嘎查从事牧业生产的生活模式，必须依靠便利的交通、发达的通信设备以及自己要拥有敏锐的市场、政策变动的观察能力，而这一切与城镇有着密切的关系，城镇是信息、机会的集散地，也是目前医疗、养老、教育的中心地带。因此对于牧民在进城过程的"徘徊"尽早跟踪、分类疏导、及时调整扶持政策以及整个牧区相关政策倾向是较为现实的解决方法。

在"城—牧互动模式"内，牧户之间的家庭、个体差异是理所当然的。有的家庭因各种具体原因更愿意经营城市里的生活，如家中年轻劳动力在城镇找到了合适的工作，老一辈的人因疾病等原因不想再从事畜牧业，这一类家庭的"徘徊"实际上与"传统游牧业"已经无关，他们所关心的是通过从嘎查承包的草场每年或每月能够拿到一定的现金补贴城镇生活之需。有的家庭像前文中提到的 B 的家庭以及 LTY 的家庭，他们在"城—牧互动模式"内所希求的是通过自己的技能求得安稳长久的生活。他们认为靠得住的技能是经营牲畜，而不是在城市打零工。那样的生活被他们认为是朝不保夕。B 与 LTY 的区别在于，B 想办法规避现行牧业政策要求，实现了自己的想法，虽然禁牧势头很强劲，但她的家庭还是保住了以经营畜牧业为主的生计模式。LTY、SYT 和 B 相比，实际上，B 并没有那么多徘徊，而 LTY、SYT 的徘徊源于规避政策的风险。

从 LTY 的"徘徊"来看，问题的关键在于某项牧业政策的明确性以及配套之上。五年之后再持续五年的解释方式只会增加牧民家庭的犹豫、徘徊的程度。伴随禁牧项目的应当是从居所适应到工作岗位适应的更为完善的社会疏导体系。本项目组在与海流图镇一些居民的交流中听到了以下两段对进城牧民的评价，"这些牧民去哪里都离不开酒，天天喝，天天喊穷，就靠着政府拨款，自己不去劳动，能不穷吗！""那些牧民根本没有为事业打拼的精神，闲在家里，等着国家的补助，打着麻将，很是心安理得的样子。"这样的评价，到底有多大程度的普遍意义，很难去统计，但从上文中可知，牧民不愿意"闲着"的愿望落到了回草场和回归牧业生活之上。如果这一愿望得以实现"不劳动""等国家补助""天天打麻将喝酒"不应该是他们的常态。在 T 嘎查队长提出的进城原因，是非常真实的理由，在金矿、煤矿周围的粉尘、水土、噪声污染以及与入驻矿业各种纠纷很难完全避免，考虑到家庭成员的健康，将老人与孩子送到城镇生活对于部分牧民家庭来讲可以说是经过了周全考虑之后的选择。这样的选择所依赖的是牧户家庭的殷实程度以及未来的打算。老人和孩子在城里，意味着孩子的父母必须经常在城镇和嘎查之间奔走，需要借助交通工具和公路、铁路。

在 21 世纪最初十年阶段是牧区城镇化加快的阶段，人员流动性较强，人们开始进入城镇之后对于城镇的生活有些不适应，也会在市场风险中处于劣势，但更多的人利用身边的资源积极开拓新的生计模式，并在生计压力下在市场中寻找新的机会。而这 21 世纪最初十年阶段正是牧民自主经营主体的探索期，也是城—牧互动阶段初具规模的阶段。进城之后牧民家庭利用城村两栖的优势及城市人口对新鲜食材、手工制品的渴望，开始利用政商平台加入了销售渠道。以家庭经营为基础，以原有牧业生计模式为依托的牧区产品，伴随牧区城镇化呈现出了以规模性的牧区产品为主的自主经济主体，在下一章中将此部分内容继续详细探讨。

第七章

基于当前案例再谈牧民自主经济主体培育

在本节中根据案例继续探讨城村之间的流动性加强的条件下，牧民作为经济主体可利用的自然、社会、文化资源的地方性及具体资源环境下的牧民经济活动的特点。本章案例调查时间集中在 21 世纪第二个十年阶段，是继第六章乌拉特中旗 T 嘎查和鄂温克旗 Y 嘎查案例后，能够表现内蒙古牧民参与到城镇化、市场经济的意愿及具体行动的四个新的调查内容。

国内个人经济主体的增长速度与改革开放后市场经济发展是同步的。20 世纪 90 年代至今已 30 多年，在内蒙古牧区经济体系中出现了越来越多的以牧民家庭为单位的个体经济形式。在国民经济分类体系中，牧民个体经济形式集中在第三产业。随着城镇化，牧民个体经济的数量与日俱增，其形式多样化，仅从牧区产品经销一类讲，从原先的粗加工肉食品、奶食品发展成为精加工半成品，在销售形式上也发生了巨大的变化，从依靠中间商的批发为主的模式逐渐转变为批发、零售同步的自营模式。

在社会主义市场经济条件下，个人经济活动是经济运行的原动力，个人和家庭对自身利益最大化的追求带动了社会实践领域的经济繁荣。社会各项政策最终会在个人和家庭的日常实践之下得到落实，尤其是以个人及家庭为单位的经济活动是社会生计系统的基础内容，是具体化宏观社会政策的基本要素。其中，"具体化"意味着，人们会利用地方性的资源优势来实践城镇化和牧区发展政策。一些案例显示，在牧业生产过程中畜群种类、所处自然环境条件、政策支持渠道、交通条件、通信网络以及当地的文化氛围等均会对牧民经济主体的自主经营有着规定性。下面通过不同区域的案例来解释外部环境对牧民自主经济主体的规定作用。本章第一至第四节内容包含的四个案例分别是阿拉善左旗庆格勒图嘎查的案例来自仓阿在该地的调查；正蓝旗的案例来自乌日汗在该旗草原度假村的调查；呼伦贝尔市鄂温克旗布里亚特饮食案例来自其其格及笔者分别在嘎查和村镇市场的调查；鄂尔多斯市的案例来自乌云娜在家乡女性群体中的调查。

第一节　山羊绒产业与牧民经济活动

　　阿拉善左旗位于内蒙古自治区阿拉善盟东部，海拔 900~1400 米，属于典型大陆性气候，干旱少雨，风沙多，白天和晚上的温度相差大。根据第七次人口普查数据，阿拉善左旗全旗总人口约 17.67 万，全旗总面积 80412 平方千米，人口密度为 0.93 人 / 平方千米。阿拉善左旗辖 15 个苏木镇，庆格勒图嘎查是吉兰泰镇下辖的行政村，位于阿拉善左旗北部。阿拉善人习惯在口头上把左旗分为南部和北部。以阿拉善首府巴彦浩特为临界点，巴彦浩特以南的地区称"南部"，以北称为"北部"。北部地区地形较复杂，有荒漠、戈壁、山地等，适合养山羊。山羊的养殖效益比其他动物高，可以利用羊绒、羊肉、羊奶。南部地区被腾格里沙漠覆盖，主要以荒漠地区为主，比起山羊更适合养骆驼、绵羊。[①]

　　庆格勒图嘎查牧户已实现定居，但每个家庭之间的距离相对较远，大部分牧民家庭草场面积在 1 万亩以上。家畜种类有山羊、绵羊、牛、骆驼，其中山羊的数量远远多于其他牲畜。牧民冬季忙于接羊羔，春天要忙于梳羊绒，这是该区域规律性的生产活动。现阶段除冬季以外的季节，牲畜可以在草场放牧吃草，晚上回圈；冬天怀孕的母畜一般都被留下来圈养以保障

---

　　① 该段内容数据来自阿拉善左旗政府网旗况介绍及政务公开信息，2022 年 7~8 月搜索，http://www.alszq.gov.cn/。

母羊和羊羔的安全。2~6 岁的绒山羊的产绒量、绒纤维长度等综合品质都比较理想，所以山羊群中的比例也相对较高。

一、阿拉善左旗与白山羊之"缘"

（1）自然环境与山羊脾性契合。阿拉善左旗是绒山羊的主要产地，特别是阿拉善左旗北部的敖伦布拉格、吉兰泰、巴彦诺尔公等地。这里干旱戈壁气候，夏季炎热、冬季寒冷、早晚温差大，植被稀疏而地形复杂。白绒山羊耐寒，耐旱，行动敏捷，身上的绒毛能够御寒。羊绒是生长在山羊表皮层粗毛根部的一层无髓细绒，随着天气变冷，羊绒会长出来，成为山羊身上的"绒衣"。阿拉善左旗北部低温气候会促使山羊的绒毛更厚更长更多。

（2）白山羊综合经济价值。山羊绒、肉、奶均可利用，与绵羊相比，具有养殖成本低，成活率高，经济效益好的优点。山羊绒是一种稀有的动物纤维，优质的高档毛纺原料，有很高的经济价值，产量稀少，以克论价，被称为纤维中的软黄金。根据调查，2022 年庆格勒图嘎查的羊绒价格最高到了一斤 210 元，每年出售的羊绒也是牧民的重要经济来源之一。山羊肉也受人们的喜爱，如果按羊肉的价格来算牧区羊肉每斤 45 元，如果一只"羯羊"（指去势的公羊）体重 60 斤，一只可以卖 2700 元。同时牧民每年都会接羊羔子，羊羔可以卖，根据羊羔体质，公、母羊羔平均价格 900 元一只。对于北部的牧民来说，山羊身上有如此多的经济价值，因此选择养山羊也是他们的首选。

（3）政策优势。1988 年内蒙古自治区人民政府对内蒙古白绒山羊的品种进行了分类，将其分为阿尔巴斯白绒山羊、阿拉善白绒山羊和二狼山白绒山羊三类，阿拉善白绒山羊被视为地方特色品牌。同时，内蒙古自治区发展和改革委员会在 2022 年工作计划中提出，推进产业链和产业集群建设，会同相关部门着力打造乳业、肉牛、肉羊、马铃薯、羊绒、现代煤化工、有色金属、新能源汽车、风电装备、光伏装备、生物医药、稀土 12 条重点产业链。羊绒产业得到了政府以及市场的重视。如牧民 AR 家在当地"包产到户"制度实行时养的是骆驼，因羊绒带来的稳定收入及育群管理上的考虑，他的儿女后来也跟着他在牧区养了山羊。

二、牧民开始转变山羊绒交易形式

山羊绒原绒的交易方式主要有散户售卖、二道贩子收购、市场交易等。之前阿拉善地区大多数羊绒都通过前两者售卖。近几年则是通过羊绒交易市场拍卖，羊绒越来越成为主流。羊绒通过羊绒交易市场拍卖的方式，受到农牧民的欢迎，主要是因为价格上的稳定。

过去每当牧民们梳完羊绒后，5月中旬就会有二道贩子来牧区收购羊绒。这些人有可能是阿拉善的本地人，也有可能来自巴盟、银川、甘肃等地。他们给的价格参差不齐，牧民为了把自家的羊绒卖个好价钱会不断相互打听价格，但是商家也想要赚钱就会不断压低价格。牧民的羊绒买卖就像一场惊心动魄的竞价游戏一样，暗藏玄机，有时牧民因为一时间的价格下跌就急于出手，一不小心就会亏钱。羊绒价格的波动让牧民为每年的价格担心，即使是第一年卖了个好价钱，对第二年的价格仍然没有把握。

最近几年阿拉善左旗羊绒交易实行了通过羊绒交易市场现场优质优价拍卖。2022年阿拉善左旗莱芙尔羊绒有限责任公司受鄂尔多斯羊绒集团的委托，以优价收购了阿拉善优质白绒山羊绒。此次以阿左旗吉兰泰镇庆格勒图嘎查为收购点，吉兰泰及敖伦布拉格、银根、乌力吉、巴彦诺日公等周边苏木镇的牧民们将自家当年采收的羊绒送到鄂尔多斯集团优质优价收购点，排成长龙等待羊绒验绒收购。这样的收购点全盟只有一个，但卖羊绒的牧民较多，来自不同嘎查的几十户牧民都聚在收购点，牧民自己载着羊绒到现场排队等待验绒、出售。

对羊绒收购模式的改变，牧民NS说"我家今年接的羊羔一共有230只山羊。以前卖羊绒在家就能出售，现在得自己带着羊绒到公社排队。今年的羊绒有192斤，卖给了鄂尔多斯的一个羊绒集团，一斤195元，后面补价12.5元，总价每斤207.5元。据我所知这个补价是咱们农牧局给的，虽然不能马上把钱给我们，但是今年应该会打到卡里的。记得以前最大的两个收购羊绒厂子：一个是河北，另一个是鄂尔多斯。我觉得现在卖羊绒对比以前好像比较麻烦。以前等着做买卖的人到家里来看羊绒，看好了双方在价格上达成一致就可以马上把羊绒提走，钱也马上到手，不用到别的地方排队住宿，过程简单、方便，只是价格有点不稳定"。牧民 UL 说"今年我家 287 只羊梳了 260 多斤绒，一斤 195 元，补贴 12.5 元。羊绒质量检测就是选几撮毛随机测试，大约需要半个小时，那次（2022 年 6 月）卖羊绒在公社住了一晚，队伍排的可长了，很多人都准备了被褥帐篷找地方搭帐篷或打地铺，或者在车里过夜，我还是第一次这样卖羊绒。我认为还是私人买家来家里带走羊绒比较好，去年羊绒卖 215 元一斤，对我来说这样不仅节省时间，不用排队，而且卖的价格好，一手交钱一手交货，今年价格也算不错，不知道明年行情怎么样"。

在收购现场有专业人员用仪器进行羊绒质检，检测结果即可出具。检验结果出来之后将长度在 32.5 毫米以上的羊绒按细度分为五个等级[①]，总的来说羊绒的细度越细价格越高。之后商家先按数量把基础款打给卖家，后续根据检测出的羊绒质量政府再补发对应的补贴。庆格勒图嘎查牧民 MJ 表示今年羊绒交易主要看了羊绒细度、绒长度、干净程度等方面，他说"他家的羊绒价格卖到了 190 元 / 斤，后期补贴每斤 12.5 元。去年他家羊绒价格达到了 210 元 / 斤"。牧民 HB 说"今年羊绒产量有 380 斤。一斤 190 元，补贴 12.5 元。补贴就等着打到卡里面，还是比较相信政府。等了两天一夜才卖掉羊绒。去年羊绒价格好，卖 210 元一斤，之前卖给二道贩子的价格一直不稳定，一天一个价，也没有条件测量细度，就看羊绒干不干净，白不白。现在人家都看羊绒的质量，干净而且白的羊绒基础价可以给的好，然后再看细度。我们剪羊毛时会注意，保持干净整洁"。

虽然羊绒拍卖市场需要耗费牧民大量的时间和精力，但是一部分人也为此心甘情愿，因为在这里卖羊绒价格高而且稳定，能卖出不错的价格。这种优质优价拍卖方式有助于促进牧民养殖绒山羊的积极性，帮助牧民培育出更加优质的羊绒，从而推动地区的羊绒产业高质量发展。也有人并不排斥以前卖给二道贩子的出售方式，虽然他们对于价格的不稳定有一些不满，但是觉得这种方法比较方便。

---

① 羊绒细度五个等级，$\mu md \leqslant 14.0, 14.0 \leqslant d \leqslant 14.5, 14.5 \leqslant d \leqslant 15.0, 15.0 \leqslant d \leqslant 15.5, 15.5 \leqslant d \leqslant 15.8$；对应的补贴价格以千克为单位，50 元、30 元、25 元、15 元、10 元。

三、羊绒产业链促进了牧民对羊绒经济的主动性

近年来，为了进一步宣传和展示阿拉善白绒山羊育种成果，激发农牧民养殖优质白绒山羊的积极性，加快优质高效白绒山羊产业发展，阿拉善盟已连续举办了七届"阿拉善·白中白"绒山羊种羊评比活动，主要由测评组专人采集绒毛样本、对种羊进行体质外貌评估。采集的绒毛样本密封交由实验室进行羊绒细度、机测长度、净绒率和绒产量后测定。好羊绒最重要的特征是纤维直径、长度和颜色。直径、长度、颜色、杂质量是影响羊绒价格的因素。山羊的毛发够细，体质外貌够好，在评比中出色的，羊主人就可以获得奖金。设有特等奖、一等奖、二等奖。分四个类别（成年公羊、育年公羊、成年母羊、育年母羊）。这是为了进一步宣传和展示阿拉善白绒山羊育种成果，激发广大农牧民养殖优质白绒山羊的积极性的一种办法。

牧民 HQ 家的绒山羊在第七届"阿拉善·白中白"绒山羊种羊评比活动中取得了成年母羊组一等奖，并获得了 5000 元的奖励。在第六届"阿拉善·白中白"绒山羊种羊评比活动中她家的母羊又取得了特等奖的荣誉，并获 10000 元的奖励。她表示这种活动在很大程度上激发了她想要经营好自家山羊业的决心，一方面政府提供了免费检测纤维的机会，不需要牧民花费；另一方面获奖金额也是一笔很大的"意外之财"。

阿拉善白山羊绒的宣传已有市场成效，获得了意大利品牌 LoroPiana（诺悠翩雅）的垂青。LoroPiana 是意大利奢侈面料品牌，被誉为绒毛界的"劳斯莱斯"，它们每年从意大利前往阿拉善地区采购白山羊绒，并对绒毛的品质有极高的要求。2019 年，LoroPiana 邀请生态学家、奥斯卡获奖导演吕克·雅克指导纪录片《羊绒：秘境之源》（*Cashmere—The Originofa Secret*），使大众了解到了该品牌的羊绒原料纤维源自阿拉善地区的小山羊。LoroPiana 要求只能通过梳取来收集羊绒，这不仅保证了所得羊绒的品质，而且还确保每年同一时期的绒山羊都有底层绒毛可供梳取。而阿拉善地区恰好是以梳取的方式获取羊绒，这种方法在收获的动物纤维中产生的纯羊绒含量更高，而且羊绒和羊毛分开的形式减少了企业加工的工序和资源的消耗。剪羊毛的方法比起梳取的方法不仅会使工厂在初步加工过程中产量减少，还会使纤维经受许多不必要的机械压力。

仓阿在调查中跟踪调查、深度访谈了 7 户人家，被访人基本情况见表 7-1。

表 7-1　2022 年阿拉善左旗庆格勒图嘎查 7 户牧民羊绒经济基本情况

姓名	年龄	性别	家庭劳动力/人	山羊数量/只	草场面积/亩	羊绒总产量/斤	羊绒价格/元	补贴金额/元
NS	43	男	1	230	21000	192	195	12.5
NT	72	男	2	200	17000	175	192	10
HB	48	男	2	370	29000	380	190	12.5
UL	58	男	2	480	27000	260	195	12.5
SG	48	女	2	210	15000	110	182	10
HQ	49	女	2	430	17000	300	190	25
MJ	54	男	2	370	18000	290	190	25

资料来源：笔者根据仓阿阿拉善左旗庆格勒图嘎查社会调查所得。

第二节　草原度假村与牧民经济行为

随着国内旅游产业的蓬勃发展，内蒙古自治区草原主题旅游也迎来了新的商机。锡林郭勒盟是内蒙古自治区境内草原主题旅游的重点区域。本节以正蓝旗的草原度假村为例，围绕自然资源与社会文化资源的结合，来探求牧民经济活动当下的特点及个体经济主体的不同形式。正蓝旗依托元上都遗址和草原生态环境的宣传吸引了众多游客前来观光游玩，也因此当地人从中找到了商机。根据 2018 年数据，正蓝旗草原度假村形式的"牧人之家"发展至 310 家，其中，"汗八里""上都草原""高格斯台河沙地旅游牧场"等日接待 500 人以上的"牧人之家"有 8 家，住宿企业 186 家，最大接待能力达到 18400 张，接待游客 103 万人次，实现相关收入 7.8 亿元，旅游从业人员达 6000 余人。[①] 草原度假村的兴起带动了地方经济，使旅游从业

---

① 正蓝旗多举措促进现代服务业体系健全完善［R］.正蓝旗：正蓝旗政府办，2018.

者获得了利润。2018 年正蓝旗政府工作报告中特别指出"目前，全旗'牧人之家'达 280 余家，旅游季节容纳床位达 1.48 万张，五年来，累计接待游客突破 205 万人次，实现旅游相关收入 12.5 亿元以上，旅游业正逐步成为拉动全旗发展的新亮点"。①

一、草原度假村经营及娱乐项目概况

本节中的 B 度假村案例来自乌日汗 2022 年 7 月的田野调查②。B 度假村是正蓝旗 2018 年统计中现实的八个草原度假村之一。B 度假村位于锡林郭勒盟正蓝旗五一种畜四分场，是集餐饮、娱乐、住宿为一体的综合性草原度假村。B 度假村离商都镇来回一个小时的路程，距离元上都遗址 2 千米。B 度假村从 2018 年开始营业，现有 80 多个蒙古包，其中，客房标间 10 个，通铺 40 多个，其他小蒙古包十几个，餐饮接待用的大蒙古包 4 个，其中一个包是能容纳 40 多桌的宴会厅。娱乐项目有骑马射箭、民族服饰拍照、漂流、草原碰碰球等。度假村工作人员有经理一位、厨师一位、服务员两位、帮工一位（老板的父亲）。度假村主要客源是以山东、河北、北京的游客为主，分为跟团和自驾游两类。

草原度假村的陈设采用了蒙古族文化的衣食住行相关文化要素。建筑是仿造蒙古包的现代房屋。与传统的包顶和侧壁（哈那 hana）都用羊毛毡相比度假村使用的是防雨布覆盖；传统蒙古包的哈那、乌尼（oni 蒙古包顶部）和天窗都是用柳条编制的，而现代蒙古包都用金属框架代替了柳棍；传统的蒙古包里面使用的家具也大多是木质，没有卫生间，而现代度假村的蒙古包里面是现代家具，也配备了卫生间。大蒙古包的哈那是依照传统柳木框架构造的，哈那上悬以垂幕，绣着金丝图案，金丝上的图案是蒙古族印花。

---

① 宝音图在正蓝旗第十五届人民代表大会第一次会议上的报告.［EB/OL］.http://www.zlq.gov.cn/zlq/2018-01/09/article_b609bffa12c54c1a9627ee53de4166a8.shtml 搜索日期 2023 年 5 月。

② 乌日汗到 B 度假村进行田野调查，调查中一共深入采访了 13 位，其中包括草原度假村经营者（1 人）、旅游者（7 人）、当地居民（3 人）、度假村工作人员（2 人）被访人情况见表 7-2。参与观察是笔者的研究课题的主要方式。她应聘成为 B 度假村工作人员，负责为游客介绍度假村内的设备使用及公共物品摆放。

蒙古包里面是大圆桌，圆桌的正中间放有五畜和蒙古包模型。在蒙古包的正中间悬挂着可汗的毡画。

蒙古族的服饰样式因分布地区的不同有所区别。锡林郭勒盟内就蒙古袍种类有察哈尔蒙古袍、乌珠穆沁蒙古袍、苏尼特蒙古袍、阿巴嘎蒙古袍。察哈尔蒙古袍和苏尼特蒙古袍、阿巴嘎蒙古袍样式类似，但是在扣祥和镶边上有不同，察哈尔蒙古袍是三道扣祥和三条镶边，而苏尼特蒙古袍则多了一道扣祥。区域性特点较浓厚的是乌珠穆沁蒙古袍，乌珠穆沁蒙古袍采用绣有纹饰的多种颜色的布料制作，两侧开衩，长袖高翻领。B草原度假村为游客准备的蒙古族服饰以察哈尔蒙古袍为主，提供拍照服务。在迎接客人的下马酒环节度假村的员工会穿蒙古袍，在篝火晚会或者是烤全羊仪式上，度假村请的歌手、主持人也都穿蒙古袍。来草原度假村旅游的游客脑海中会留下穿着蒙古袍的印象，蒙古袍是度假村体现特色文化的主要表现手段之一。借度假村提供的袍子拍照不是免费项目，一般是跟团旅行的话拍照会包含在娱乐套票内，自驾游的游客租蒙古袍拍照根据租赁时间长短及衣服套数收费。

草原度假村提供给游客的饮食主要依据锡林郭勒盟蒙古族的饮食特点，肉食类有手扒肉、烤全羊、烤羊排、肉肠、血肠、风干肉等；奶食类有奶豆腐、拌炒米、酸奶、鲜奶羹、拔丝奶豆腐等；主食类有蒙古肉饼、蒙古果子、蒙古包子、蒙古面条、米饭；饮品类有奶茶、锅茶；当地特色菜有草原沙葱、冰爽海棠果、肉炒黄花等。为迎合游客的需求也有大众口味的菜品，例如，凉拌土豆丝、西红柿炒鸡蛋、水果沙拉等。度假村的菜肴的制作过程有的精细且需要长时间才能做好，而有的菜则简单快速，烤全羊的制作最慢需要一定的步骤先要把全羊泡在水里几个小时然后泡好的全羊放在一个专门的锅里烤五六个小时，中间需要经常翻面还要注意火候合不合适。烤羊排也是使用烤全羊的锅，烤羊排时不会放盖子，也需要有人时不时的翻面。血肠、肉肠之类的就直接在锅里煮好再翻烤。制作简单的特色食品是锅茶，锅茶有专门的锅，锅中放入几块奶豆腐、少量炒米、几条肉干、少量黄油，然后把奶茶倒进去点开火即可。度假村的美食的价格相比普通饭店要稍贵一些，最低价格的菜也要20元以上，一般自驾游的游客最低消费400~500元，而跟团的游客有普通团和高标团，普通团的标准是饮食每人20元，而高标团则是每人 80 元。

尽管草原度假村的餐饮价格偏贵，但能提供新鲜优质的当地食物，食品原材料来自当地，价格并不高。B 度假村会从肉铺或周边牧民家买全羊、白条。全羊的价位大概在 2000 元以下，白条的价位在 1000 元左右，而在度假村中烤全羊套餐的价位在 3000 元左右，白条一般以手把肉的形式出售，会让游客自己选择部位然后再称重，价位一斤 140 元左右。蔬菜则从城镇中熟知的价格优惠的店铺购买，一次买个 200 多元的菜，菜品加工就可以卖到 30~40 元一盘。度假村通过食品的链条能够获得可观的利润，是与当地市场产生频繁联系的部分。

草原度假村的娱乐项目有迎宾下马酒献哈达、骑马、射箭、特色服饰照相、拔河比赛、草原碰碰球、草原足球、水枪大战、传统投壶、烟花篝火晚会、大型传统祭祀活动、漂流、驾驶越野车等。迎宾下马酒献哈达：下马酒活动一般由歌手主持，歌手拿着哈达唱"远方的朋友一路辛苦，请你喝一杯下马酒，洗去一路风尘，来看看美丽的草原，远方的朋友尊贵的客人，献上洁白的哈达，献上一片草原的深情，请你喝一杯下马酒……"，由另一人拿上酒杯随行。当游客下车后，端酒的人给客人献酒，歌手介绍下马酒的由来，然后一一让游客按传统礼仪饮酒，游客左手端乘银碗，用右手无名指蘸酒弹向天空，意为"敬天"，第二次用右手无名指蘸酒弹向地面，意为"敬地"，第三次用右手无名指蘸酒弹向前方，意为"敬祖先"，最后双手端碗，一饮而尽。最后再把哈达献给游客。这项活动是客人事先要自己点单，价位一次 200 元。

骑马、射箭是那达慕男儿三艺（赛马、摔跤、射箭）的两项，被视为争夺勇士称号的主要活动。草原度假村的骑马项目有专门的骑手教游客骑马，骑手先会拉着缰绳慢慢牵着马走，等游客学会或者是适应了就可以自己骑马在度假村的草场里跑一圈；射箭项目草原度假村准备了专门的小院子供游客体验射箭。

度假村也会让游客亲身参与祭祀仪式。祭敖包是以敖包为崇拜物的祭祀活动。蒙古族的祭祀敖包活动每年在固定时节举行。祭前要对敖包先装饰和维修一番，敖包顶上要插枝为丛，立竿为柱，周围挂着哈达和经幡。祭敖包时会摆放肉、果品，请喇嘛诵经。有些草原度假村会专门推一个单独的敖包供游客观赏。B 度假村的草场上有专门为游客垒了敖包，敖包中间插着苏鲁锭，周围挂着哈达和经幡。如今传统的祭敖包仪式成为游客到草原后热衷的活动之一。草原度假村单独建立一个敖包的原因主要是为了把游客观光的敖包同原先祭祀的敖包分开，让感兴趣的游客能随时体验一下这项仪式，避开敖包祭祀时间的限制以及习俗上的不妥。

二、草原度假村维系的文化与经济关系

草原度假村展示给游客主要是以上所述四个方面，游客通过体验不同项目了解度假村内的草原民族文化的吃穿住行，再去感受和了解该文化的内在寓意。随着城市的发展，公共视觉体验被商品化，参观带给人们乐趣，甚至成为娱乐活动的一种。[1]草原度假村的娱乐项目曾是当地蒙古族牧民的部分日常活动，但是随着国内旅游业的兴起，经营者把这些对于当地人来说司空见惯的日常活动商品化，吸引游客消费，获得经济利益的同时也促进了当地就业及牧业产品销售。

对于经营者来说经营草原度假村是一个盈利挺高的生计方式。草原度假村投资高，但是盈利也很多，对于想要回乡发展的创业者来说是很不错的选择。可以说，草原度假村的兴起带动了地区的经济，使旅游从业者获得巨大的利润。多数度假村经营者是热爱民族特色文化、对草原有情怀的人。在采访 B 度假村经营者时他说"我觉得旅游业前景很好，而且经营草原度假村是因为个人的草原情怀吧，这里是我从小长大的地方，所以想把家乡的美景美食展示给别人"。

外地游客是草原度假村主要的客户来源，大多数旅游者来草原度假村旅游是为了感受内蒙古独特的文化体验。B 度假村游客说："我以前就是特别好奇蒙古族文化，通过看书了解到一些，但是我觉得亲身体验一下会更好。"调查者在游客席间闲聊中了解到，他们会因身处大草原而兴致勃勃地讨论北方民族历史、草原生活体验及游牧文化等。对游客来讲身处陌生的文化环境能暂时脱离忙碌的生活状态,体验一下不同的生活会变得心情舒畅。"我来草原度假村主要是为了看一看内蒙古的大草原，体验一下在大草原上骑

---

① ［法］安东尼·加卢佐.制造消费者［M］.马雅译.广州：广东人民出版社，2022：23.

马。来到这里大草原真的很美！山川绵延，绿野千里。""在这里住在蒙古包里，手把肉很好吃，夜里很凉，早上升起的太阳很漂亮！在草原上骑马真的很快乐，比在马场里骑马的感受好很多。""这里的空气好，视野空旷，我是上班族，上班时每天看见的就是车水马龙，偶尔在周末到这里放松一下感觉压力都没有了，看着景色心里就敞亮，非常的舒服放松。"

　　旅游者在身处草原度假村时并不是单方面的被动接受草原度假村的一切信息，而是一种互动的关系。旅游者在进入草原度假村时会看到很多有关蒙古族文化的符号，在娱乐项目骑马射箭或者是在草原度假村的吃住某种意义上来说是在体验蒙古族的日常生活当中的部分内容，旅游者在体验度假村的一系列项目下能够了解蒙古族文化。

三、牧民在草原度假村的多重角色及经济行为

　　草原度假村的工作人员、旅游者和文化消费者、草原度假村的所需物资的供给者、草原度假村的邻居。下面列举四种情况：

　　（1）草原度假村的工作人员，B 度假村一位服务员 YDJ，正蓝旗牧民，在该度假村工作了 4 年，有自己的草场，但是长期租用给别人，与丈夫在旗里务工，家里有一个读大学的女儿。草原度假村是季节性的场所，一般在 6~8 月末营业，这期间 YDJ 就会到度假村做服务员，其他时间会做些零工。YDJ 被问到为什么会选择在草原度假村工作时回答："平时做临时工一天能赚到 100 多元，但是临时工的工作不稳定，有时几天都没有活儿。虽然度假村的工作累点，但是给的工资高，我老公的身体也不好，有哮喘，做不了重活儿。我在度假村工作的几个月能挣到我家姑娘的学费。"根据调查者对 B 度假村及周边度假村工作人员的统计，在草原度假村工作的人员 90% 都是当地的牧民或居民，在草原度假村雇佣的歌手、乐手也是当地牧民，草原度假村的工作对于很多歌手来说是一年当中主要收入来源之一。还有骑马项目中的骑手也是雇佣当地牧民。草原度假村在某种意义上来说缓解了当地的就业压力，也给牧民提供了季节性的收入来源。

　　（2）旅游者和文化消费者，在草原度假村旅游的并不都是外省的游客，还有周边地区的居民。在草原度假村旅游时，牧民与其他跨文化旅游者相

比感受上是不同的。一位从附近旗县到草原度假村游玩的老人接受采访时说："来这里让我想到了 20 世纪 80 年代我们旗县的草场也这么好，绿油油的，草长得比人还高呢，可惜这几年草场情况一年比一年不好，能在这里看到这么好的景色挺好的。度假村的饮食也比较合我胃口，我不习惯吃饭馆的那些饭菜。"当地人群中有来度假村消费的需求，也有以家庭为单位的节假日休闲娱乐的需求，还有亲友往来中的娱乐场地的需求，都会把人带到度假村。

（3）草原度假村的所需物资供给者，草原度假村的一些物资除了向厂家订购一些日常用品外，与当地牧民的经济往来更为频繁，例如，租赁草场、马匹，购买牛羊肉及奶食品等。这也是旅游产业能带动当地居民的收入水平的原因。草原度假村需要较大的草场，经营者一般都是从牧民那里租用，就比如 B 度假村从当地牧民租了 1 万多亩的草场，租期 5 年，每年租金是 2 万多元。草原度假村中的马一般都是租赁形式的，到淡季关业时再还给牧民；也有些经营者会从牧民那里买马，淡季草原度假村不营业时把马寄放到牧民草场里。正蓝旗有几十个草原度假村，而在旅游旺季时游客会络绎不绝地来到草原度假村。游客到达后常常点单烤全羊、手把肉及锅茶等蒙古族特色的"门面"美食，因此旺季草原度假村营业对肉食、奶食品需求较高。

（4）草原度假村的邻居：草原度假村所在地一般都是当地村子里某个牧民家的草场，所以草原度假村附近也会有牧民生活。作为草原度假村的"邻居"牧民在度假村营业时会或多或少地受到影响，例如，晚上的篝火晚会、放烟花时牧民们的休息会被打扰；自驾游的旅游者碾压草场等。这些问题会时常发生，但是访谈显示周边牧民对草原度假村的态度积极多过消极，"有时会被旁边的度假村吵得睡不着，但是旅游点（草原度假村）的老板不会弄得太晚，也事先会跟我们沟通好。现在游客的素质越来越高，随便在草场开车的情况也少很多了"。牧民和草原度假村的关系在双方沟通下，能够都进入彼此理解、合作共赢的良性状态。

信息化的时代，利用网络新媒体来宣传和营销已经是必然的趋势。统计资料显示，当前国内 4G 网络用户数量为 8.8 亿，手机用户的比例为 65.1%，特别是随着 4G 网络覆盖范围的逐渐扩大，5G 网络也开始兴起，构建起了良好的移动网络环境，在此背景下移动网络成本不断降低，极大地促进了移动短视频的发展（姚莉，2022）。[①] 移动短视频时长短、内容丰富多元、制作门槛低，能够利用碎片化的时间观看短视频，所以上至老人下至小孩；从城市到农村牧区人们刷短视频的数量是逐年以几倍的速度增长。移动短视频取代报纸、电视广告媒体成为草原度假村经营者宣传的优先选择。近几年，移动短视频带火了很多地区的旅游景点。对度假村游客群体的调查显示，选择草原度假村旅游的年轻游客都是在手机短视频上刷到关于内蒙古大草原的视频的，然后有了来看一看的想法和行动。移动短视频是草原度假村的宣传窗口，是旅游者发布享受草原生活的"取景地"。经营者除了会在移动短视频发布视频之外，还会选择直播招揽旅游者到草原度假村消费。在移动短视频中人们有的喜欢刷视频有的喜欢看直播，所以经营者抓住短视频这两方面，也能让草原度假村的曝光量增大，覆盖的人群也广。

　　草原度假村内最重要的消费部分是文化的符号。可以说草原度假村中产生的文化消费本身具有某种符号象征性，无论是游客还是经营者的消费表现都是对符号的消费。B 草原度假村相比于国内其他地区的度假村最吸引人们目光的地方在于"蒙古族文化""大草原"这些符号。旅游者到草原度假村在消费商品的同时也是在消费其商品背后的历史和文化。消费者消费某一商品的背后是由其深层的意义体系来支撑的。将游客和草原度假村经营者、从业者联系在一起的是基于蒙古族文化及草原文化的深层内涵。上述草原度假村的衣食住行的安排中录入了许多以草原生活为背景的蒙古族文化元素，游客身处其中促成了消费，完成了自然资源、社会文化与经济之间的互动。

表 7-2　草原度假村与牧民经济活动相关调查重要被访人基本信息

姓名	年龄	职业	性别	输出地	与度假村关系
BH	68	退休	男	山东	游客
LSF	45	不详	女	山东	
WL	23	实习生	女	唐山	
WY	23	实习生	女	唐山	

---

① 姚莉.社交时代背景下移动短视频的传播特点与发展策略研究［J］.中国传媒科技,2022（12）:57-60.

续表

姓名	年龄	职业	性别	输出地	与度假村关系
BFX	65	退休	男	山西	游客
GJ	64	退休	女	山西	
SBG	64	牧民	男	镶黄旗	
FZQ	35	度假村经营者	男	正蓝旗	当地人
GRL	38	牧民	女	正蓝旗	当地人（供货商）
BLG	38	歌手	男	正蓝旗	当地人
DRN	39	牧民	女	正蓝旗	当地人（供货商）
FGQ	67	服务员	男	正蓝旗	当地人（老板父亲）
YDJ	49	服务员	女	正蓝旗	当地人

资料来源：笔者根据乌日汗锡林郭勒盟正蓝旗社会调查所得。

第三节　特色饮食文化与牧民个体经济

锡尼河布里亚特是蒙古族的一个分支，在20世纪20年代初因战乱迁徙到呼伦贝尔锡尼河两岸，至今已有100余年，迁徙后定居在锡尼河两畔，因而得名锡尼河布里亚特。锡尼河布里亚特人饮食文化综合了中、俄、蒙多元饮食文化元素形成了独特的风格。近几年随着市场经济、旅游业及网络平台的热度布里亚特的饮食逐渐引起了大众的注意，成为广受欢迎的地方特色饮食。本节调查内容来自其其格在2022年暑期在鄂温克旗西博嘎查进行的社会调查及同一时段笔者在鄂温克旗南屯（巴彦托海镇）布里亚特特色餐饮市场相关调查。

西博嘎查位于鄂温克族自治旗锡尼河西苏木。西博嘎查至巴彦托海镇距离48千米，行政区域面积80万亩，嘎查总户278户，人口681人。巴彦托海镇，俗称南屯，是鄂温克族自治旗人民政府驻地，地处鄂温克族自治旗北部，东与巴彦嵯岗苏木接壤，南与锡尼河东苏木和锡尼河西苏木相连，西与巴彦塔拉达斡尔民族乡毗邻，北与海拉尔区健康街道交界。

此次布里亚特饮食调查中的重点是肉与牛奶在布里亚特饮食的使用方式

（见图 7-1）。在布里亚特人习惯中日常饮食由女性负责烹制，尤其奶食类及糕点类主要是由女性负责完成的，因此本次调查者被访人均为女性，在受访人中重点访谈的 9 位女性情况见表 7-3。

表 7-3　鄂温克旗西博嘎查布里亚特饮食制作主要受访人基本情况

序号	姓名	年龄	职业	访谈主题	日期
1	卓拉	34	自由职业	糕点类制作方法	2022 年 6 月 20 日
2	阿里木拉	33	牧民	油炸果子的制作方式等	2022 年 6 月 21 日
3	卓拉	34	自由职业	布里亚特包子的制作方式等	2022 年 6 月 22 日
4	斯普勒玛	62	自由职业	奶茶、列巴的制作方式等	2022 年 6 月 23 日
5	斯普勒玛	62	自由职业	蔬菜汤的做法等	2022 年 6 月 24 日
6	达力玛	59	牧民	八宝饭的做法	2022 年 6 月 25 日
7	其木格	51	牧民	果酱面包和奶渣面包的做法	2022 年 6 月 27 日
8	扎拉玛	62	退休教师	蹄冻、包子的做法	2022 年 6 月 28 日
9	斯木吉德玛	48	牧民	肝肠、包子的做法	2022 年 6 月 29 日

资料来源：笔者根据其其格鄂温克旗西博嘎查社会调查所得。

一、布里亚特饮食的种类

（一）奶食品类

奶制品在蒙古语里叫作"查干伊德（chagan idee）"，意为白色食品。在蒙古族的传统的颜色观念中白色意味着纯洁、高尚、正义、繁荣。所以白食在蒙古族的饮食文化中占据很高的位置。按照蒙古族传统习俗，在各种祭祀、仪式、节庆都会准备白食并摆在桌子的中央。家中有贵客来时也会拿出白食招待。蒙古族食用和提炼奶制品的历史由来已久，随着历史的发展对于奶制品的制作早已形成了自己独特的方式。蒙古族分支众多，生活的环境和生产方式都有些许不同，所以各地的蒙古族都有自己特色的奶制品种类。布里亚特蒙古族也因为其独特的历史形成了区别于其他地方的白食系列。

1. 西米丹（shimidar）

西米丹指的是从生牛奶里提炼出来的油脂，也可以叫作奶油。"西米丹"

是俄语的称谓，在布里亚特方言中也叫"zθgehei"。制作西米丹的方法有两种：第一种做法是将挤好的生牛奶静置在容器中等待油脂漂浮到最上面，然后刮出来。这样做出来的西米丹采集出来的量不稳定，有时多有时少，主要看静置的时长。第二种做法是使用牛奶分离机提炼，牛奶分离机一般有两个小口，将牛奶倒进上方的大盆后，西米丹会从一个口子里流出来到下面准备好的容器，另一个口子里出来的是脱脂后的牛奶，在布里亚特方言里被称为"abarad"。西米丹在布里亚特人日常饮食中用途较广，通常除了涂抹在列巴上食用、制作糕点的基础用料外，它也是红菜汤的主要配料之一。

2. 奶皮子

奶皮子在蒙古语里叫作"乌日莫（θrum）"，上面说过西米丹是生牛奶上方漂浮的油脂，那么奶皮子是熟牛奶上方漂浮出来的油脂晒干后形成的。制作方法大致步骤是将挤好的牛奶煮好后静置在容器里就会自然地形成奶皮子，表皮凝结成型后取出晾晒，定型后冷藏。

3. 白油

布里亚特方言中将白油称作"查干陶斯（chagantos）"。其传统的制作方式是将放置时间稍微长的西米丹搅拌至水油分离，然后持续用手掌拍打分离出来的白油直至完全脱水。完全水油分离后会形成白油块，冷冻储存。白油是千层酥、果酱面包、哈拉什的主要原材料之一。

4. 黄油

布里亚特蒙古语称作"沙日陶斯（shartos）"。将乌日莫或西米丹或白油放到锅中，小火化开水分蒸发后浮在油渣上层的黄色液体就是黄油。黄油是所有奶制品的精华，其用途众多，不仅可以食用还在祭祀等仪式中必不可少。

5. 奶渣

奶渣在布里亚特蒙古语方言中叫作陶布日阿格（tobrag）。奶渣的制作方式如下，首先在锅里装好纯牛奶或者是发酵的牛奶抑或是脱脂牛奶，也就是"abarad"放到炉子上煮开，煮过一段时间后锅里的牛奶就会发生乳清分离的状况。煮到乳清分离即可，如果牛奶的量过多，煮沸需要很长时间时可以加入适量的白醋加快分离。锅里的牛奶乳清分离好后准备好过筛的纱布挂在接乳清的容器上，往容器上方的纱布上倒，乳清会迅速流入下方的容器，奶渣就会留在纱布里头。如此放置一段时间等纱布上的奶渣沥干后即可。最普遍的食用方式是将奶渣和西米丹加糖搅拌食用。奶渣一般不会出现在正式的仪式或者祭祀场合,大多数人家在日常食用。近年来随着奶渣面包较流行,很多人都用奶渣做面包里填充的馅儿。

6. 阿日查(arch)

阿日查是将放置时间较长的酸奶在炉子上使用文火长时间煮的方式提炼的一种奶制品。煮到一定酸涩程度时倒入容器内等待其凝固。在常温下放凉后的阿日查像果冻,所以在保存时都会冷冻保存。一般情况下,布里亚特人家里会在入冬前准备阿日查,因为阿日查是搭配手把肉食用的奶制品。生活在寒冷地区的布里亚特蒙古族会在入冬时进行冬宰,所以冬天吃手把肉的频率要比其他季节高,因此需要搭配阿日查来食用。在煮过手把肉的汤里加入适量的冷冻阿日查块儿,然后搭配提前准备好的面糊等,待肉汤、面糊和阿日查的充分融合后装在碗里饮用。阿日查的味道偏酸涩,跟油腻的手把肉搭配食用具有非常好的解腻效果,并且在一众奶制品当中属于营养含量高的那一类。

(二)红食(肉制品)

蒙古族将肉制品称作红食,即"乌兰伊德(ulan idee)"。蒙古族的主要肉食来源包括牛肉、羊肉(绵羊肉)和少量的山羊肉、马肉、驼肉等。蒙古族的肉制品种类丰富,根据生活的环境各地蒙古族的肉制食品也各有特色。布里亚特肉制食品种类丰富,有的跟大众制作方法相似,有的制作方式不同于其他地区。

1. 手把肉

手把肉是蒙古族最广为人知的菜肴,其做法简单,口感独特美味。各地蒙古族的手把肉制作方式几乎一样,都是宰完羊后把羊肉按照各个关节部位分好,放到清水里煮。有区别部分是有些地方煮手把肉时放盐、调味料,有的地方只是在清水里煮肉。布里亚特人的手把肉讲究原汁原味,所以炖肉时不加调味料清水煮肉。

手把肉是布里亚特人最重要的菜肴之一,在各种节日、祭祀、宴会都是必不可少的。家中来客时也会煮手把肉招待客人。手把肉制作方式简单省时间,味道鲜美所以广受欢迎。不仅如此,布里亚特人家过冬前会进行冬宰的活动，就是提前把一个冬季该吃的肉准备好，储藏起来，一般会宰一头牛或几只羊。把牲畜的肉储藏好后，定期煮手把肉补充能量和营养。

2. 肉干

肉干也是蒙古族最著名的食品之一，如今通过网络媒体，电商的发展早已成为众所周知的食品，其做法也在改良，口味也越来越丰富。布里亚特人制作肉干的习俗习惯方式是将肉切成条状，在阴凉处进行自然风干。肉干是在缺少冷冻条件下为了储备肉食而形成的习惯。

3. 额里耶里吉（eliyelz）

额里耶里吉指的是用羊肝做馅料，放入羊大肠的一种肠类食品，也可以直接叫作肝肠。肝肠是布里亚特蒙古族特有的肉类食品，是宰羊时制作的美食。在调查期间通过访问了解到的做法如下：

制作肝肠使用大肠。一般情况下宰一只羊时能做两个肝肠，就是把羊的大肠分成 2 个，再分别把馅儿放进去。然后肠胃都清洗好后，准备馅料，就是把新鲜的肝脏切成馅儿，然后把附着在内脏上的肥肉切碎，切好后加入盐和洋葱或者大葱搅拌好后放到大肠里，拿线绑好口子，然后跟手把肉一起煮熟。肝肠肠衣是不能吃的，只吃里面的馅儿。至于为什么不能吃，在采访中也没有得到合适的答案。

4. 血肠

血肠一般有两种：第一种是在皱胃里灌的血肠，第二种是在肠子（hochirgai）里灌的血肠。两种血肠的制作方式简单，先洗好肠衣然后翻面，把加入水和盐的血装入两种肠衣内封口即可。皱胃血肠使用小木块封口，血肠使用线封口。皱胃血肠煮好后会出现突出的一小块短短的圆柱似的部位，习惯上这个部位的第一道切块祭火神，切出一小块放入炉火内。

5. 油包肝

油包肝的制作方式如下：把新鲜的羊肝切成大块儿，然后用内脏的肥肉把肝包裹起来，放在火上烤到七八分熟。

6. 肥肠

肥肠是一种把羊肉、羊油塞进肠衣内煮熟的肉食，是布里亚特人家宰羊待客煮手把肉时不可缺少的一种肉食之一。

7. 和依日马萨（hoirmas）

这个也是布里亚特人特有的肉食，主要在冬季制作。制作方式简单，就是将肺、脂肪、肉、小肠、肉块填入瘤胃内进行冷冻。布里亚特人家会将冷冻好的和依日马萨放到大米粥或者同土豆一起翻炒食用，是冬天食物贫乏准备的食物。

（三）其他特色食物

布里亚特人在饮食文化方面除了有肉制品和奶制品以外，还有独具特色的烘焙食品文化。布里亚特人在没有迁徙到呼伦贝尔地区前，他们生活在贝加尔湖周围，深受俄罗斯饮食文化影响，形成了独特的烘焙食物习惯。随着时代的发展，烘焙食品的种类也变得越来越丰富，并且在城镇内烘焙食品广受欢迎，成为布里亚特饮食中商业化程度较高的品类。

1. 果子

油炸果子是布里亚特人最重要的食品之一，在任何的节日、祭祀、仪式前都会专门制作果子。油炸果子是布里亚特白食盘（查干伊德塔巴格）里是摆在最下面的位置，且用量最多。其基本做法是先和面、发酵，发酵后拿出来切成小长方形再放到油锅里炸。不过每个人做油炸果子的配方不一样。在做访谈时问到果子的制作方式，受访者阿里木拉说"第一步，把牛奶煮好，煮开开水，化开2斤白油，把这些搅拌好。温度到达一定程度时加入酵母粉，而且还会加入鸡蛋和白糖。待稍微变凉后加入面粉搅拌，等待发酵。一般需要2~3个小时。发酵后，把面切成小的长方形。然后炸羊的肥肉，榨出羊油，把切好的果子用羊油炸好即可，还可以在羊油里加一点花生油，那样的话不会太腻"。在调查中发现，2000年以后随着人们生活质量的提高，果子制作原料花样增多，在基础形式上发展出了多种花样的果子。

2. 列巴

列巴是布里亚特人家日常生活中最不可缺少的一种烘焙食品。"列巴"是俄语译音，由于布里亚特蒙古族曾在俄罗斯境内生活过，因此受俄罗斯的影响有了烤制列巴的习俗。制作列巴的工序简单，用料也不复杂，所以每户人家都会烤制列巴。制作方式如下：第一步，在容器内倒入一定量的清水，然后放入食盐和酵母搅拌均匀，再倒入面粉搅拌均匀；第二步，把和好的面，也就是搅拌好的面团放到温暖的地方等待发酵；第三步，发酵好后，在烤盘壁上刷好食用油，直接将发酵好的面团倒入烤盘内，放进烤箱烤 40~50 分钟即可。

在调查中发现烤制列巴的方式有三种：第一种，在锅内刷好食用油把列巴面放进去在炉子上烤。这种方式现在已没有人使用，是以前住蒙古包没有烤箱时用的方法，这样烤出来的列巴烤焦、夹生的可能性较高。第二种，把列巴面放到烤盘后，在烤盘外面包上一两层隔热的布类，放进刚烧完柴的炉子里，就是直接放到有余热的灰烬里。第三种，使用烤箱烤制，是目前普遍使用的方式。现在家家户户都有电烤箱，在以前使用带有烤箱的炉子。这个要从住进平房说起，在盖平房时，会砌带有小烤箱的砖炉子，叫作"duhebhe"。现在很少有人使用这种烤箱了。

3. 果酱面包和哈拉什

果酱面包和哈拉什（halash）是用料相同的两种面包，区别就在于果酱面包里面有夹心，哈拉什是没有夹心的。果酱面包在布里亚特方言中叫作"皮劳格"，也是俄语译音。制作皮劳格是先把面和好发酵，发酵好后拿出面团，分成小块稍微擀平在中间放入果酱，然后包好放入烤箱内烤制。果酱一般也是自己制作，野生蓝莓是主要用料。哈拉什的面和皮劳格的面完全相同，做哈拉什时把小面团做成自己喜欢的样式，最常见的是麻花样。

最近几年，还流行做奶渣面包，就是把皮劳格的夹心换成奶渣。在访谈时了解到这种奶渣面包大概在 2010 年后才开始流行起来，当时很多蒙古国人来到呼伦贝尔地区务工，有蒙古国点心师傅开小型的培训班教制作各种点心，由此开始流行起来。在制作奶渣面包时，面的配方跟皮劳格完全相同，但是奶渣需要加工一下。通常在奶渣里加入一到两个生鸡蛋，然后加入白糖和葡萄干即可。

4. 千层糕

千层糕，也叫"那木勒（namel）"，是一种以西米丹、面粉等为原料的烘焙食品。制作千层糕的大致步骤如下：先把鸡蛋和白糖充分搅拌，然后倒入新鲜的西米丹，再放一点小苏打搅拌好后，加入适量的面粉。准备好面后，在烤盘底部刷上油取一小块面团擀成片状平铺到烤盘里，再放进烤盘烤制。烤好 4~5 张小饼后，晾凉然后一层一层涂抹果酱，层层叠加到 4~5 层就完成了。还可以按照自身喜好在配方中加入蜂蜜、巧克力等。千层糕是布里亚特食品中商业化最高的一种，当地已经有很多面包房专门制作和售卖，还有很多私人卖家自己制作以微商的形式售卖。

5. 千层酥

千层酥外观跟千层糕相似，叫"查布其么勒（chabchimel）"。它们的区别在于面饼的配方不同。千层酥的面只需要水、面粉和白油这三种原料。先把白油和面粉放在一起剁匀，然后加入少量水和成面团，再擀成小饼放到烤盘里烤。烤好后涂抹果酱层层叠加至 4~5 层就完成了。

（四）其他特色饮食

布里亚特饮食除上面三种大分类外，还有一些特色饮食，制作方法和原料上不好分类到三大类别内，所以单独列出来。

1. 八宝饭

八宝饭在布里亚特方言中叫"乌日莫（θrum）"，与奶皮子同音，是截然不同的两种食物。八宝饭在布里亚特饮食中的地位很高，在各种节、仪式上不能少它。在布里亚特传统白食盘中，八宝饭被摆在最上方。制作八宝饭的原料很多，稠李子酱、列巴、家常圆饼、大米饭、黄油、红茶、红枣、葡萄干、柿饼、月饼、白糖等。八宝饭最重要的是稠李子酱，稠李子将起到调味和调色的作用（布里亚特人家一般会在 8 月左右采摘稠李子，制成果酱）。然后将其他食材切成丁状备用，还要焖米饭。制作步骤大致如下：把锅放到炉子上，等锅热好后，把黄油倒进去，然后把大部分食材都放进去，用力搅拌，等搅拌到一定程度后，把红茶倒进去，再搅拌。快出锅时把稠李子酱放进去搅拌。虽然说着容易，但是搅拌这么多食物需要很大的力气，并且要掌握好火候。

2. 蹄冻

蹄冻也是布里亚特蒙古族传统的饮食之一，一般使用羊蹄或牛蹄制作。制作方式如下：拿牛蹄举例，先把牛蹄外部烤透，就是烤到毛全没了，趾甲盖全掉为止。烤好后牛蹄上面会有一层黑乎乎的灰，所以要把牛蹄刷洗干净。然后放到锅里煮，要一直给炉子添柴。要煮很长时间，所以很多时候都在冬天做，而且夏天很少有人宰牛，除非宰牛卖牛肉。然后煮到软烂程度时，把油脂都刮走，把骨头挑出来，把汤汁倒掉，再用那些剩下的肉筋皮上面加入水，加入各种调料，例如，十三香、辣椒、盐之类的，在煮一段时间后，拿出来晾凉后即可。晾凉后，拿出来切块吃。

3. 布里亚特包子

布里亚特包子是布里亚特蒙古族最享有盛名的食品之一。随着网络媒体的发展和布里亚特食品的商业化，布里亚特包子依靠其鲜美的味道广受好评。布里亚特包子制作方式简单，用料不复杂，保持食物最天然的味道。制作原料包括牛肉或羊肉、面粉、洋葱或葱和一些简单的调味品。制作方式如下：先把面粉加入温水和好，不用发酵，然后将肉切成丁状，洋葱也切成丁状加入一点水和调料搅拌均匀。然后包子皮擀好，再把馅儿包进去。布里亚特包子的折皱多一点，密一点，根据老人的说法以前的包子有77个折皱。布里亚特包子皮薄馅儿厚，美味多汁，所以很受大众欢迎，也是商业化成功的食品。在内蒙古各个地区都有制作布里亚特包子的店铺，不仅如此一些食品厂推出了速冻布里亚特包子远销全国各地。

4. 蔬菜汤

蔬菜汤是布里亚特蒙古族在各种大型活动中会制作的食品。蔬菜汤制作所需用到的原料不是很多，一般有什么蔬菜就会使用什么蔬菜。蔬菜汤不需要像面条那样花费很大的精力，只需要把肉和蔬菜切好煮就行。蔬菜汤一般会在草地举行的婚礼、葬礼、那达慕上制作，煮一大锅，在场的人，人人都有份。受访者说："先把该切的都切了，肉啊、蔬菜都准备好了，然后在锅里放适量的水，接着把切好的肉、土豆、胡萝卜、大头菜放进去煮，煮开过一会儿后，再把豆腐、粉条儿什么的放进去等这些熟了以后就做好了。""想要做出好吃的蔬菜汤要把肉放得多一点，要么放带大骨头的肉，汤汁会变得香浓。"蔬菜汤也叫"洋汤"可能借鉴了俄罗斯人的菜汤。

5. 沙拉

布里亚特人将沙拉叫作"salad"，是俄语发音。布里亚特人主要制作的沙拉叫米式沙拉，也叫俄式沙拉，所需要用到的原料一般有黄瓜、香肠、胡萝卜、土豆、鸡蛋和沙拉酱（蛋黄酱）一般只需要这五种，除此之外，还可以加入酸黄瓜、洋葱、玉米粒等。在制作时将土豆、胡萝卜、鸡蛋煮熟，然后将所有食物切成丁，加入沙拉酱和一点盐搅拌均匀即可。

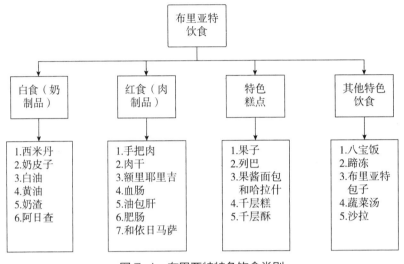

图 7-1　布里亚特特色饮食类别

资料来源：笔者根据其其格社会调查自绘。

二、布里亚特饮食与当地餐饮市场

对布里亚特饮食文化的关注是因鄂温克旗城镇市场的两次调查。在第六章第四节中介绍了鄂温克旗概况及 21 世纪第一个十年间的牛业、奶业的发展过程。当时调查组在鄂温克旗南屯调查时布里亚特特色饮食并不活跃，2022 年再去调查时发现十年间布里亚特系列餐饮小店在南屯镇内餐饮行业中发挥着重要作用，不仅吸引了游客，糕点、速冻产品通过网络、生鲜快递分销到了多个省份。

鄂温克旗南屯有"布里亚特美食一条街"之称的街道位于道甫街鄂温克族自治旗第一实验小学对面，紧邻鄂温克旗宾馆。在呼伦贝尔市旅游旺季（6~8 月）期间，纷至沓来的游客总会找到这里吃饭打卡。在这条街上常年营业的布里亚特特色小店有 6 家，布里亚特美食坊、布里亚特茶食店、布里亚特包子铺等。每家店铺的菜单大同小异，提供的食物种类都能从上文介绍的布里亚特三大类食物中找到。以布里亚特餐饮为招牌的餐馆菜单上都会有奶茶、包子和汤面，在此基础上有的店会有血肠、列巴套餐（包含列巴、西米丹及果酱）、千层糕、千层酥及沙拉、红菜汤、酸奶、锅茶等。小型布里亚特餐饮店不上炒菜类。

布里亚特美食一条街上的餐饮店在旅游旺季生意火爆，其中，有两家开了近20年的老店。这两家店不管是在当地人还是在游客群体内口碑较高。游客获取店面信息的渠道主要是互联网、导游以及亲朋好友的介绍。在旅游旺季这两家店早、午餐时段都需要拼桌或排队等待才能用餐。旺季这些餐饮小店人均消费35元左右，据访谈其中生意较好的店早餐时段营业额就能达到2000元。

以布里亚特饮食为主的餐饮店铺在鄂温克旗规模稍大的餐厅也会推出手把肉、肉包子、血肠及一些特色糕点类。肉包子的名称及制作上以布里亚特包子为主要卖点。从鄂温克旗大型的餐饮店的菜谱能够看到不同民族的特色饮食，在菜品方面融合了多民族特色。在当地一众民族、地方特色菜单内能代表蒙古族饮食的是布里亚特系列食物。

三、特色饮食产业与牧民经济行为

"布里亚特美食"的称号被大众熟知后给当地的餐饮市场带来了许多商机。当地市场上牛羊肉铺及奶食品市场较为活跃，此类餐饮体系的繁荣在一定程度上支撑起了鄂温克旗以牛业为主的牧业发展之路。

在鄂温克旗主要街道上随处可见主打出售牛羊肉为主的店铺，连排的店铺招牌上都在宣传"黄标牛肉""草原牛羊肉""本地牛羊肉"及"肚包肉""血肠、肉肠"等半成品相关内容。采访得知多数店家都会在网络平台上注册自己的账号宣传店内的产品，并提供冷链邮寄服务。店家对自家肉品比较自信，采访中多数店家明确表示肉品可以溯源保证本地牛有黄标。在他们的顾客中，南屯和海拉尔区的餐馆和居民是主要客户来源。店铺主人有客户群和货源渠道，他们是肉源出售者和消费者的连接点，也有的店家自己在牧区有牛羊群。

从调查了解的情况来看，鄂温克旗市场上奶食品的销售分为两类：一类是工业化生产的奶食品如各类奶酪片儿、瓶装酸奶等；另一类是当地鲜牛奶制品，如在上文中列举的西米丹等。第一类的奶食品由于加工和制作、包装上的技术性便于保存和运输，口感也受大众喜欢，销售渠道基本以各大超市、品牌店面及网络平台为主。第二类奶食品有即产即销的特征，适合短途冷链运输，口感本地化，销售渠道主要是当地的早市或特色餐饮店代售。

鄂温克旗布里亚特系列美食中从列巴套餐到各类糕点用到的是第二类奶食品，是对鲜牛奶不同层次的加工基础上获得产品。第六章中介绍的80千米奶牛带上的牧户，每天的牛奶除卖给各牛奶厂家之外，也有一部分牧户为了提高收益，会留下一部分牛奶自己做零售或批发。他们销售的范围主要是供应当地的市场。到鄂温克旗较集中的早市就会看到专门为牧户留下的奶制品销售摊位。据摊主介绍来早市出售奶制品比较辛苦，凌晨四点就得开始工作，但收益是可观的，比直接把牛奶卖给厂家挣钱，收入大概有一半的差距。

经营布里亚特餐饮的店铺也是周边牧民出售奶制品和牛羊肉的重要渠道。尤其是第二类型的奶制品，出售布里亚特糕点的餐饮店可以说是牧户批发量的消费者。这些店铺都有固定的几家奶制品供应户。店铺以批发价格拿到之后分装出售，鲜奶、酸奶和西米丹基本是每天早上送新鲜的到店，一般是当天现金结算。

促成牧民出售牛羊肉和奶制品的经济行为的因素是多方面的，从政府牛业、奶业建设工程到当地饮食文化的走红，政治、经济、文化的各个因素，促成了牧户与周边城镇市场之间的经济往来。牧民的经济行为随着市场的进一步参与变得更加理性，不再是以压低价格为竞争优势，而是以稳定供应量、保持产品质量为竞争前提，与城镇内的诸多特色肉、奶店家长期合作。

第四节　城—牧互动模式下的女性兼职情况

本节内容基于乌云娜在鄂尔多斯市乌审旗的调查，主要围绕牧区女性在兼顾家庭的同时如何利用现有社会条件进行职业上的拓展，即牧区女性兼业情况及对兼业的看法。文中访谈的对象均是中年女性，乌云娜在该嘎查实地访谈了 20 人①，其中 7 人为主要受访对象，基本情况见表 7-4。通过对访谈内容的整理发现一些女性受社会文化的影响，在思想上渴望成为独立女性，因此会独立自主的创业，有一些女性受家庭影响希望通过兼业增加一些收入。除此之外，当代社会的发展给女性提供了便捷的交通出行条件、与外界联络的媒介及物质条件即智能手机。这些在一定程度上促进了女性拥有兼业的可能性。通过参与式观察乌云娜收集到了较详细的资料，除牧区女性日常琐事、做事能力、遇事的判断能力外，还记录了他们对兼业的态度、家人是否支持她的事业、家人的思想或者社会上的普遍思想对于牧区女性个人有何影响、是什么因素促进她们从事兼业等一系列问题。

表 7-4　鄂尔多斯市乌审旗图克镇图呼勒岱嘎查主要受访人

受访者	年龄（岁）	人数	家庭成员	兼业
ZG	32	6	父母、丈夫、两个儿子	微商
ZMY	53	6	公婆、丈夫、一儿一女	中间商
NRTY	48	3	丈夫、儿子	打零工
WJMS	42	6	公婆、丈夫、两个女儿	实体店——减脂饮品店
NRBL	55	4	丈夫、一儿一女	奶食品
WRQMG	51	4	丈夫、一儿一女	做保洁
ALT	43	5	公公、丈夫、两个女儿	经营饭店

资料来源：笔者根据乌云娜鄂尔多斯市乌审旗图克镇社会调查所得。

一、牧区女性社会角色

女性的家庭角色习惯上被归入她所承担的"家务劳动"范围。由于"男主外，女主内"的男性本位观念，出现了"男耕女织"的分工模式和以性

---

① 乌云娜于 2022 年 7~8 月在图呼勒岱嘎查开展了为期 15 天的社会调查，对有兼业的牧民女性进行了深度访谈。为了更好地向她们了解情况，调查者与受访者们交换了联系方式以便及时交流。

别为出发点的社会分工（王晓丹，2007）[①]。长期以来,妇女一直以来负责家务、抚养孩子以及在家庭中照顾公婆的任务。妇女承担的烦琐家务在社会和家庭中被认为是理所应当的。中华人民共和国成立以来,国家建构的一系列面向新中国女性的性别角色规范,对中国女性的个性和气质的塑造产生了极大的影响（戴雪红，2015）[②]。在这一时期出现了许多"铁姑娘""三八红旗手""纺织姐妹"等角色。这类女性形象从女性性别规范来讲是对于传统女性形象的一种颠覆,但也包含了女性要在形象、气质和情感上都要以男性为基准的倾向。性别角色的重新规范让女性在思想上得到了解放,当时国家经济发展也在一定程度上影响了女性社会地位的变迁。改革开放后,随着国家政策支持、教育发展,女性走入社会不同岗位的职业女性人数大幅度增加。在妇女享有受教育的权利以后,她们在个人和家庭能力范围内接受了教育的洗礼,在不同的行业中她们运用自己所学的知识,为社会发展贡献了自己的力量。

传统性别分工理念,由小农经济基础构建的社会性别概念多为主从型,对于女性的要求是"宜室宜家"（王诗语，2021）[③]。农村女性由于缺乏专业技能、思想道德素质较低、受教育水平有限、就业歧视等原因导致就业难度增大,多以从事农业生产、家庭劳务、家庭养殖活动为主而相对于男性经济收入较低,给予家庭的经济扶持有限（马玉清，2022）[④]。女性受职业歧视、协调家庭与职业之间的平衡下,往往可从事的职业类型较少（朱国伟和苗昇旺，2017）[⑤]。农牧区妇女们在就业过程中除受到就业大环境中的歧视之外,还有自己本身也因为家庭、年龄、技术、教育等原因的限制导致就

① 王晓丹.近代中国社会转型与女性社会角色的变迁［J］.曲靖师范学院学报,2007(1)：66-70.

② 戴雪红.当代中国社会转型背景下女性气质、身体和情感的逻辑变迁与重塑［J］.兰州学刊,2015（10）：98-104.

③ 王诗语.当代中国中产阶层职业女性工作——家庭冲突困境分析［J］.西部学刊,2021（16）：32-35.

④ 马玉清.乡村振兴背景下农村妇女就业对自身及家庭地位的影响研究［J］.农村经济与科技,2022,33（17）：261-263,282.

⑤ 朱国伟,苗昇旺.内蒙古自治区牧区城镇化发展研究——以通辽市库伦旗为例［J］.乡村科技,2017（26）：33-36.

业困难，为此为了有一份固定的收入农牧区女性把农牧业视为主业，同时寻找一些投入小、门槛低且与牧民生活不冲突的兼业以求增添收入。尽管女性在求职时或多或少会受到外界环境和个人因素的影响，但在当今流动性强的社会经济发展中，她们也在利用政策援助或网络平台，综合考虑个人和家庭的情况寻找合适的兼业。

牧区女性在尝试利用互联网及便捷的交通条件力争通过兼职增加收入并实现自己的价值。一旦女性组建家庭后即使是在现阶段，随着对家庭的投入的增多使女性全职就业比例会相对降低。在城镇，非正式就业是女性保持工作状态的一种方式。因此，相对于男性，女性更容易从事非正式就业。有弹性的工作时间，与女性的家庭角色冲突小一些。由于女性承担着"照顾家庭"的职责，所以无法同男性在外所从事的工作状态相比较，女性往往会考虑接孩子、辅导作业、做饭、家务的时间，去找时间灵活调配且能解决日常开销的非正式工作。兼顾家庭是多数女性从事非正式就业的主要原因。

在社会和经济日益发展的今天，牧民对于生活品质的需求不再是简单的衣食无忧，牧民的消费结构也发生了较大变化。牧民的消费结构中包含了教育、医疗、饮食、旅游、日常人际交往等多方面的内容。牧区传统生计方式难以满足多元化需求。这也促使牧区女性职业观念发生了前所未有的变化。在过去，牧区女性在权衡家庭与事业之间的平衡时往往更关注家庭，而当前牧区女性渴望有一份自己的事业，能够自行支配所获报酬。城乡流动的增加，人们去往城镇的目的也不单单是为了谋求生计，越来越多的人不再举家搬迁而是在牧区与城镇之间频繁地流动，享用城镇的基础设施、教育和医疗条件同时也立足于牧区。越来越多的家庭为了孩子的教育选择在城市购房，夫妻一方陪同孩子读书或者让家里的老人进城陪读，夫妻二人在牧区生活，等到节假日或者周末再去往城市与孩子团聚。也有一些家庭没有家中老人的帮助，妻子进城陪读丈夫则留在牧区安顿牧区工作。

二、图呼勒岱嘎查概况

图呼勒岱嘎查位于鄂尔多斯市乌审旗图克镇，嘎查内现有五个社284户，

1075 人。嘎查占地面积 35 万多亩、可利用草场 27 万亩、种植面积 18686 多亩。嘎查以种植玉米、草苜蓿，养殖细毛羊、肉牛、奶牛为主。嘎查境内有 313 省道、两条一级公路和中煤鄂尔多斯能源化工有限公司[①]。

现阶段牧区已实现定居。图呼勒岱嘎查牧民家庭普遍住在砖房，也有家庭盖起了二层小楼，一些家庭在附近城镇购买了房屋，但嘎查内仍保留草场并继续经营着牧业。以往嘎查内的牧民一年到头来屈指可数的进城次数因城镇内的居住场所的便利和上学、业务需要及便捷交通条件而出现多次往返城镇与牧区之间的现象。现在嘎查内基本实现每个家庭有一辆小轿车或货车。人们也开始有了种植新鲜蔬菜的习惯，食物也不再是单一的以肉为主了。家中的父母们也越来越重视起孩子的教育问题，为了孩子接受好的教育条件不远千里让孩子求学，父母则担当起接送孩子的任务。

三、嘎查牧民女性生活状况

在刻板印象中，牧区女性生活整日忙于烦琐的挤牛奶、接羊羔、做奶食品的工作，围着炉灶，照顾家人是女性的主要工作。现如今，随着畜牧业现代化，机械替代人工作业的范围越来越多，以前需要几个人合作才能做好的工作，现在仅需一人对机器的操控便可以完成。因机械化牧区女性的生活中也出现了更多的忙碌之后的闲暇时间。女性因此有了更多的业余时间用于兼业挣钱贴补家庭收入。

（一）利用互联网获得收入

近年来，国内互联网市场风起云涌，用户规模空前，人们的思想观念和生活方式也因此产生了巨大的变化。互联网代替了书信功能，人们之间的交流也越发变多。人们通过通信功能每天分享各自的生活，传递不同的信息与思想。在这个人均有一部手机的互联网时代，快递行业和网购的使用频率也越发变高。作为社会群体一员的牧区女性也在利用互联网的便捷展

---

① 图克镇党建网，http://wsqdjw.gov.cn/tkz1/ 图克镇图呼勒岱嘎查简介，搜索时间 2022 年 3 月。

开了自己的事业。

ZG 的兼业是微商，她的工作完全只需要一部手机便可以完成，在时间和地点上是没有限制的。现在，她在微商平台上有自己的账号，是某品牌护肤品内蒙古总代理。在这份工作中她不仅需要保证产品的销量还要实时培训各级代理，为产品宣传做好宣传语和宣传照片。她指出了自己做微商兼业成功的最主要原因："做微商一定要有自己的风格，有些人做微商长久不了的主要原因是没有自己的宣传风格。直接复制粘贴别人的朋友圈素材没有新颖创造，一来二去别人也会因为她的朋友圈素材单调产生视觉疲劳感还会因为每日上传的朋友圈数量过多占据他人朋友圈而屏蔽她。所以，要时常发一些自己的生活素材，微商本身是在手机上进行的交易。因此，难免有些人对微商上的产品持有质疑的态度。所以发自己的照片、分享孩子们有趣的瞬间和发一些日常琐碎的生活片段会让人们觉得手机对面的人是真实存在的，并不是收了钱就删除好友的骗子。久而久之，我们所分享的文案、照片、个人感想会获得客户们的信任，为我们带来长期稳定的客源。"现如今，微商兼业让她实现了工作自由、陪伴孩子成长、减轻父母料理牧区工作的压力与疲劳的目标想法。她是互联网时代抓住机遇获得成功的案例之一。

ZMY 由于个人具备较强的沟通能力，善于聊天、结交朋友。因此在如今这样交友软件普及到了人们在有重要事宜时不再面谈而是使用手机传达消息和分享日常生活。她也抓住了这样的机遇，使用微信创办了多个交友群。在群聊中她以群主的身份添加了许多用户，结识了各地的农牧民朋友。这样一来她很容易就进入了中间商角色，她的兼业也迎来了好的光景。她时常在群里给牧民们分享最新的牛羊价格和介绍不同品种的牛羊。一来二去大家一有卖牛羊时都会询问她行情，她也会耐心地给出答案。群里有意向卖牛羊的牧民时她都会带着贩子们去到牧民家中，在中间调节价钱达成两方的目的从中收取中介报酬。

WJMS 经营着一家实体的减脂饮品店。最初她接触这个领域也是因为网络。当初她自己也备受身体肥胖的困扰，偶然一次她在手机上看到了一则广告，决定抱着试一试的态度，尝试了减脂饮品。出乎意料的是，这款减脂饮品在她的身上有了很大的成效。因此她也通过手机联系到了远在广州的老板开启了减脂饮品的事业。在她兼业的过程中，远在他乡的老板给予了她很大的帮助。她因为个人原因无法长时间在广州参加培训学习减脂方面的知识。因此老板基于她的个人情况给她提供了很多网课平台和相关电子书籍。让她坐在家中也可以学习到减脂知识以便更好地服务于自己的客户。每周老板会通过手机对她进行远程培训。除了给她提供减脂和营养知识外还教她如何编辑引人注目的广告。所以每当店里没有顾客，有空闲时间时她常常会编辑激励他人的文案用于在朋友圈分享自己的减脂过程和成效。因此她迎来了许多询问产品功效并且有意愿减脂的顾客。这些顾客普遍离减脂实体店路程较远，或者工作繁忙无法亲自到店，所以在手机上与店主取得联系后会协商将产品快递到家。她表示："互联网的出现也在一定程度上成就了实体店买卖。如果没有微信平台远在他乡的顾客又怎能知道产品后受益？每日守在实体店中顾客数量是有限的，然而自从每日坚持用微信发朋友圈宣传产品后来咨询的顾客越来越多了。"

（二）打零工

牧区女性受教育程度及牧业对劳动力需求的影响，无法长时间离家。兼业需要顾及家庭牧业生计的劳动力需求，也因此打零工成为嘎查妇女兼业的一个种类。打零工主要是在农忙时期辅助农户们完成种植或者收割农作物。也有时会遇到工地、单位需要零工的工作。这些工作多数与她们日常在家所做的劳动有关的技术含量低、容易胜任的临时工作。

NRTY目前在陪读之余做着打零工的工作。小时候因为家里兄弟姐妹多负担大，没读过几天书所以并不适合多数工作要求。因此打零工最符合她的个人情况。由于从小在牧区干活基本掌握了农牧区的活的技巧，所以在打零工时干农活游刃有余。加上她的儿子从学校走读，每天晚上需要接回家，因此餐厅服务员的工作不适合她。农牧零工挣钱要比在饭馆当服务员挣得多，而且不需要每天按部就班，工作工资可在当天结清。相较于做餐厅服务员的工作她表示打零工更适合她目前的状况。不需要具备多高的识字能力、书写能力而且工资日结，工作时间又有灵活性。牧区家中有突发事件或者忙碌时她也能及时地赶回去。

WRQMG 她兼业的内容也是零工类,给有需求的家庭擦玻璃、打扫卫生。小时候她是家中的老大,所以为了方便照顾弟弟妹妹父母甚至没让她读半天书。从有记忆开始她便每天带着幼小的弟弟妹妹去放牧,在父母劳动回来前做好饭菜。后来,父母因病相继离开了。从那时起,作为长姐的她为了抚养弟弟妹妹,拉扯他们长大成人,她便开始到工地工作,和水泥、搬砖、给工友们做饭挣钱。虽说依靠苦力挣钱时常会感到疲惫,但是相应的回报也比其他工作更多,平日里工作机会多,门槛低、持续的时间也长久。

(三)开设实体店

有一些食品、饮品类的实体店的买卖都是为了达到当地人的需求而开立门户的,而且个体商户们能力有限在保鲜技术方面达不到供应外地客户的需求。因此,考虑到上述情况,人们多数会用自家生产的原材料做成当地需求的产品,选择离家较近的地方开设实体店。这样一来,食品在运输过程中不会有坏掉而且能解决自家农牧产品销路问题。

NRBL 在自己家中养了四头奶牛,每天做奶食品卖给附近的牧家乐。疫情前,旅游行业很火热对于奶食品的需求量也大。所以专门买了奶牛做起了销售奶食品的买卖。她们家正好离当地的牧家乐不远,因此制作好后在运输途中变质的可能性较小。而且自家优越的地理位置无须另租店铺增加成本。还有就是,考虑到自己本身年龄大了无法胜任其他过度耗费体力的活儿。家中牲畜太多,自己又长期不在家丈夫一个人也无法顾得过来。因此她利用自己做奶食品的一门技术为家庭增添了收入。长期做下来,牧家乐的老板们也不会拖欠卖奶食品的钱,每送一次货便能结清账单。现在,做奶食品挣来的收入完全够她们家庭每月的开支。

ALT 每年会在开展那达慕大会时,自行搭建一个帐篷专门给参加那达慕大会的选手和前来观看的观众提供饭菜。这是季节性的兼业只有夏天有10 天或者 7 天的时间。虽然持续的时间较短。但却是一年到头来最有可能把自家喂养的牲畜卖到高价钱的日子。此时,她每日在老家准备好羊后再把肉剁成小块拿到离那达慕大会较近的帐篷里煮好后卖给客人。相较于把活羊卖给羊贩子,能多卖出 600~700 元。此前 ALT 也在旅游点附近开过牧家乐，当时的买卖全靠自己招揽客人，需要伶俐的口齿和口才。而当时她刚从牧区出来不久，不太会与客人交流。所以一年下来，有顾客光临的次数屈指可数。而且当时还雇用了厨师和服务员，店铺也是从别人那里租来的，投入较高，就这样持续了一年后，挣来的一点钱都不够支付租金和雇人的费用。相比之下在那达慕大会时开饭店，投资少盈利多。搭建帐篷不需要支付额外的场地费，而且那达慕大会上人来人往的人流量也多，根本不需要在外面吆喝就有人主动进帐篷里吃饭。除此之外，在时间方面也很灵活，白天在流动帐篷里忙完晚上可以回家喂养牲畜。

综上所述，牧区女性们由于个人能力、家庭条件等不同原因兼业范围也有所不同。但是她们所选择的兼业多多少少有一些共同之处：首先是投入小，牧区家庭的收入大部分用于投资在畜牧业养殖上，可如果选择一个资金投入较大的兼业，更大的风险会随之而来，后续很有可能会面临赔钱；其次是时间自由，牧区有季节性的忙碌时期，如冬季接羊羔、秋季打草收草，因此牧区女性在兼业的选择上，大多都会避开畜牧业忙碌时期，选择时间较自由的兼业来辅助收入；最后是易操作，牧区女性普遍受教育程度低，因此她们对兼业的选择相较于受教育程度高的其他女性，选择的是更容易上手的业务。

四、促进女性从事兼业的因素

（一）家庭及个人因素，赡养父母和子女教育的需要更多的经济支持

"家庭"作为社会基本单位之一，家庭本身牵动着每个家庭成员的利益。在访谈调查中了解到，大多数牧区女性从事兼业的极大部分原因是家庭因素。可以说家庭是她们在最初选择兼业及遇到阻力和困难时坚持下来的最大动力。

受访者 ZG 是家里的独生女，在结婚生子前她在离家在呼和浩特市从事乌兰牧骑演员的工作，追求着自己的事业梦。当她怀了第一个孩子以后，她对生活有了全新的规划。由于长时间与父母分居两地，父母不能在她的孕期中照顾她，她也不能在父母需要她时立刻出现在他们面前。因此她开

始考虑孩子出生后的一系列问题和赡养父母的问题。首先，她是家里的独生女如果选择在呼市安家立业，在家中的父母就会成为空巢老人。想和孩子说说心里话聊聊家常孩子也在千里之外，如果生个病也不能及时回家更何况父母年事已高家中的牲畜也多，需要她回去帮助父母料理家务。其次，如果她坚持继续在呼和浩特市工作，生了孩子后父母也不可能丢下家中的牲畜来呼市帮她照看孩子，然而雇保姆会面临着一个月支付几千元的工资，不仅当时的经济情况不允许，而且也不放心让别人照看自家孩子。因此身处这样的情况下，她再三考虑回到了牧区老家。刚开始回到牧区时她手头上完全没有了可以自己支配的钱财，丈夫会每个月打款回来。但是那些钱并不够每个月家庭开销，而且当时家里本身也欠下了外债。所以受访者 ZG 为了给家庭还外债，给孩子和父母好的生活条件，踏入了微商行业。

受访者 ZMY 的公公患有脑梗，婆婆又患有肺癌。丈夫又是公婆的最小的儿子。所以丈夫不同于其他的兄弟是分家出去的，他继承了父母的房子和草场，因此必须与父母同住照顾他们的饮食起居。所以他们也没办法放下牧区的所有去城市安家生活。于是她便找了一份二道贩子的兼业。此兼业不仅不影响她照顾家中的老人、料理家务事更是可以在闲暇时间获得一些可观的收入。

现如今，教育越来越被家长们重视。家长们更多的是培养孩子在学校受教育，而不是在田地里、牧区生活学习必备的技能。20 世纪七八十年代的父母由于自身受教育水平有限，受尽生活的锤炼，更希望孩子能接受好的教育，开阔视野在面对谋生上有更多的选择。为此，多数家长都在自己的能力范围内为了孩子在学习上名列前茅，每家每户都根据自家情况付出了不同程度的辛苦来培养孩子。

NRTY 的儿子是一名初二学生马上要面临中考，学习成绩一直很好，所以班主任老师建议 NRTY 在外租房陪读，这样一来孩子可以晚上回去多复习一会儿功课对其成绩提升有很大的帮助。所以白天她在外做零工晚上接孩子回家。WJMS 的女儿一直以来都在旗里上学，为了孩子受到更好的教育，她让女儿转学到了市里的学校，并为了陪读的同时有点收入，在离学校不远的地方开了一家减脂饮品店。

WRQMG 小时候由于弟弟妹妹多，从父母的立场来看作为长姐有照看弟弟妹妹的责任。后来父母在中年时因疾病相继离世，为了担负起抚养弟弟妹妹的任务，她早早地便辍了学，在社会上摸爬滚打。结婚后由于她常常用家中的钱接济自己的弟弟妹妹，导致自己的小家内也很少有流动资金，家庭有额外支出时需要和亲戚朋友借钱。为此，她的丈夫开始接管家里的"财政大权"，她花每一笔钱都需要与丈夫商量后才能支出。因此自己时常换季需要添置衣服或者女儿需要零用钱时都需要和丈夫开口。基于个人受教育程度有限她开始在闲暇时候为个人家庭、公司打扫卫生以补贴家用。

ZG 在做兼业前是一名舞蹈演员，从高中开始她便接触舞蹈，在专业机构学习舞蹈。考入大学后又系统地学习了舞蹈方面的知识。所以，父母为了培养她向银行和亲戚借了钱。后来家中又遭受天灾、牛羊流行病的影响使家中的牲畜大量消耗，无法偿还债务。所以在她做微商后的初期，便第一步为偿还家中的债务而努力的。

综上所述，从牧区女性的口述中了解到了她们认为从事兼业的最基本原因可以说是为了家庭。她们为了解决孩子的教育需求、老人的赡养问题、增添家中的收入根据个人情况选择从事各式各样的兼业。

（二）社会因素，包括自我认知的改变、公众媒体的影响及社会政策扶持等

ZG 认为女性在每一个不同的人生阶段所需要履行的职责都是不同的。在学生时期要努力学习知识，成年以后要规划好人生方向，成家生子以后不仅要对自己的小家庭负责任更要对父母和孩子负责。所以无论处于人生的哪一个阶段都需要努力实现自我价值。有了孩子后她更加注重在孩子的成长道路上要扮演好"合格母亲"的角色。对于孩子来说，她是孩子的"第一任老师"，孩子的行为准则都会在很大程度上受母亲的影响。所以，她对于生活积极向上的态度和在不依靠家中任何一位成员的前提下获得个人收入并且能自行支配的行为可以勉励孩子独立思考和独立做事。

ALT 说："无论在什么年代都有女性想通过婚姻改变现状，希望嫁给家底丰厚的男人从此衣食无忧过上荣华富贵的生活。这种想法都是不切实际的美好想象。如果一个男人在结婚前给你承诺，让你结婚以后只需相夫教子。

那并不是你的好日子的开始，而是与社会脱节的堕落生活的开始。所以说，家庭是需要两个人的合作才能长久下去，而不是一方一味地付出。那样久而久之，双方会因为价值观不和、对评判自己对家庭付出多与少产生分歧，日后矛盾不断，最终不得已以分开收场。"所以她认为女性一定要有挣钱的能力、有自己的交友圈子。只有对自己的定位准确才能有底气做好自己，实现自我价值。

近年来出现了多个网络平台，这些平台的初衷便是给人们一个分享自己生活、记录生活的平台。在这些平台中有博主、作者是女性。她们有很多身份，有的是自主创业的女性，也有的是普普通通的家庭主妇、农村妇女。这些人的出现给社会上女性这个庞大的群体许多言语上、行动上和思想上的鼓励。她们时常分享自己的人生经历，在自己遇到困难时会以什么样的话激励自己、当代女性需要有何种精神面貌来面对个人生活。这些分享生活的博主们，在无形中让女性群体受到一种从内心深处相信自己的力量。受成功女性形象的激励，暗示自己也可以依靠自己的能力获得成功体现个人价值。

在与受访人的交谈中，多数女性非常认同大众平台上的一句流行语。"女人一定要学会赚钱，学会开车，会打扮，车子有油，手机有电，这才是安全感"。所以，社会风向也呼吁女性可以在家庭的私人领域以外发光发热，走向多种工作岗位。久而久之，在个人思想与社会思想的双重积极推动下越来越多的女性意识到依靠个人努力获得价值、换取价值。

为持续推进和巩固拓展脱贫攻坚成果与乡村振兴的有效衔接，各旗县政府为认真贯彻落实"创业就业巾帼行动"，为农牧区女性创办了实用性的就业培训。根据农牧区女性不同的需求，妇联与政府联合先后举办过有关母婴护理、家政服务、奶食品、面点制作、民族手工艺制作、舞蹈民乐和特色养殖等女性创业就业培训。ZG参加了鄂尔多斯市建新职业培训学校承办的"电商培训班"。她回忆到，培训邀请了专业讲师，围绕理论教学、模拟训练和创业实践三个维度，帮助参训人员学习创业基础知识、建立创业思维。并在现场了解她们每个人所遇到的电商路上的困难。按照每个人所提出的问题，给予解决方法满足其个性发展的需求。

五、牧区女性兼业后的思想变化

（一）以丈夫为中心的观念转向自强自立

人都是环境的产物，在日复一日的生活中，特定的社会环境、文化会塑造人们的观念，个人会被慢慢熏陶成为该环境里的"合格的成员"。以往在牧区女性到了适婚年龄后父母会催着孩子快点嫁出去，在那个年代所谓的剩女注定成为别人口中"身体或者心理上有疾病"的人。所以长期在这样的观念下女孩子们会匆忙结婚，结婚前自己的母亲也会教导你"孝顺公婆、相夫教子"的理念。正因如此，一般情况下随着步入婚育阶段，女性会成为这些观念的认同者、执行者。

ALT在结婚前母亲便告诉她："到了婆家要任劳任怨地生活，不同于在自己家中一般有人替你做饭洗衣干活。到了婆家后要勤奋一些，学会缝缝补补、为一大家子人洗衣做饭。在行为举止和谈吐上要得体大方，不然街坊邻居会说你没有教养。"所以在结婚后的几年时间里她一直在牧区生活，照顾年幼的孩子和年迈的公婆。丈夫则在外，工厂打工。当时由于牛羊价格不高而且和公婆同住，当出售牲畜给商贩时她没有支配权力，收入需要交给婆婆保管。因此她只能依靠丈夫寄钱回家和卖陪嫁而来的牲畜来维持日常的开销。丈夫挣回的钱依旧大部分会进到婆婆保管的账目内。所以当时的她，特别期待丈夫能把挣来的钱全部交到自己的手中，由她支配生活开支。但丈夫认为把挣来的钱交给母亲保管是孝顺的表现，是合理的安排。母亲也常常以看病为由把多数钱收下来，少量的分给儿子的小家庭。所以当时她们小家庭的生活过得比较困难。连女儿去趟超市都得恳求奶奶给一点零花钱，进了超市买自己喜欢的食品时也会用手掐着算，带的钱足够与否。就这样过了几年窘迫的生活，ALT的女儿上了小学后她意识到，生活中的开销越来越多，仅靠卖陪嫁而来的牲畜根本不够开销。如果孩子需要上课外辅导班家中也根本没有积蓄支持她。孩子还在离家三四十千米外的旗里上学，自家当时也只有个摩托车，大冬天骑着摩托车送孩子上学，大人孩子都遭罪。如果依旧依靠丈夫挣钱回来，到头来等到家里有个用钱的地方时只能依靠银行贷款。贷款也不是长久之计，到了还款日还是得如期还款。

而且，依照当时的家庭情况买一辆代步车、在牧区盖一间新房子和有一些固定积蓄是一个家庭必须具备的条件。

所以，思来想去她意识到不能再一直待在牧区不接触外界，过着以丈夫为中心的生活，收入上完全依赖于丈夫，于是她决定要有一份自己能够从事的牧业以外的工作来增加收入。这份兼业要成本小，不需要请厨师和服务员，她一个人就能搞定全部流程且能够盈利。就这样，她把目标锁定在娱乐项目种类少，但受当地民众重视且现场观看人数多的那达慕大会上。她抓住机遇开始举行那达慕大会时搭起帐篷煮肉卖给前来观看那达慕大会的人们。这一份兼业，使她认识了许多的顾客。到了冬季需要储肉的时候顾客们会从牧区订购冬储肉。这样一来牧区的牛羊肉也有了销售渠道，自己也通过这份兼业认识到了如同自己一般的、许许多多的独立创业的女性。在与那些女性交谈的过程中她总是能学到很多正能量且激励自己的事情和思想。如今通过自己的努力，她在牧区盖了新房子，在旗里也买了楼房。家里也有两辆代步车。孩子们也在旗县里读书并且给孩子安排了兴趣班培养个人爱好与特长。

（二）更愿意主动学习技能充实自己

俗话说"技多不压身"，无论进入哪个行业都需要相应的技能，做好全方位的准备。提前观察行业发展的前景、运作方式以及经营模式是有必要的。为了适应行业发展，通过不同渠道结识到能引领自己同伴也很重要。同时掌握行业所需的必备能力的提升，如考取驾驶证、营养师证件、与他人交谈的能力等，也是不能懈怠的。

ZG 在踏足微商行业前一直是个内向话少甚至有些害怕与人交谈，不知道以什么样的话题展开与他人的对话的人。在生活中也因为不会说话而得罪过人。自从做了微商后她发现必须要练就自己的口才。刚做微商初期，因为她对产品功效的介绍过于生硬或者不会与顾客打开心扉的交谈而错失过很多的顾客。因此刚开始她为了能完整地表达自己的想法会提前准备稿子，然后再按照草稿纸上所记录的内容进行解释。为了提高语言表达能力，她先后在书店和网上买了很多关于说话艺术类的书籍，一有空闲时间便不停地翻阅，从书中找到好词好句，用于与他人的交谈。后来，她有了自己的顾客群，聊后便每天不断地为人们讲述产品的功能及顾客使用前后的体验感。就这样在不断地突破自己勇于发言下，有顾客主动找来询问产品时她不再依靠文字表达，而是用流利的语句向顾客表达自己的想法。现在，尽管有了更多可供参考的平台资料，她依旧不断地向不同的人学习语言的魅力与艺术。让每一位顾客切身体会到她的专业性与对顾客的责任意识。

WJMS 在去考察市里实体店铺时意识到，如果在牧区有突发事件或者较忙季节时想及时回去必须自己会开车。出行每次依靠租车是不现实的，出租车也不是随叫随到而且只有凑够乘客才会走，如果单凭一个人租车回牧区费用又大，况且店铺与孩子的学校也有些距离，靠电动车接送孩子遇到天气不好的情况依旧需要打出租车。为此，她为了方便出行考取了驾驶证，掌握驾驶车辆技能后实现了自由出行。

（三）热衷于投资自己

NRBL 前几年得了抑郁症，会不由自主地难过、伤心。当时，儿子成家不久又贷款买了一套房子需要每个月按时交房贷，女儿又在上高中每周需要生活费，偶尔班级又收取书杂费。家中牲畜又多每天不仅要喂养牲畜还需要去田地里给玉米地浇水、除草。每天都过得异常忙碌，疲惫不堪的生活使她的精神状态越发消极。晚上很难睡着，对自己的一些轻微过失或错误常常会感到自己罪孽深重。儿子在意识到母亲的精神状态后带她去了医院。通过长时间的治疗她的病情现在稳定了许多。她说："有多少钱，都不如有个好身体重要。生病以来，只要能治好我的病喝什么药我都愿意"。听闻某医生的心理课对于有疾病人士的病情恢复有好处，NRBL 也会在空闲之余去该心理疗养院疗养一段时间。家中忙时她也会在每晚睡觉前付费听该医生公众号。在她的坚持下，身体和心理状态越来越好了。

WJMS 在生完二胎后，感到了前所未有的压力。当时牛羊价格行情不好，收入不高。生完二女儿后又有了养育两个孩子的压力。大女儿每周在学校需要交伙食费而且不定时地收取书费和班费，二女儿也需要每天喝奶粉。除此之外，也要不定时地给家中的牲畜订购饲料。为此在很长一段时间里，她一直过着省吃俭用的生活。有一次，她参加完大女儿的家长会后才脱离了颓废、不顾形象的生活。女儿回来后哭着对她说同学们在班级里公然取笑母亲的形象，而且故意远离她。因为女儿的一番话她才幡然醒悟，作为母亲对孩子的影响如此之大。从那以后，她开始接触减脂产品并且在长时间的坚持下有了很好的反响。在经营实体店后，她为了更好地做广告在外形上投资了很多。她开始让发型师设计适合自己的发型、用一些护肤品和穿一些时髦的衣服来装扮自己的外形。这样一来，招呼顾客时也会给那些被肥胖所困扰、不顾个人形象的群体一些激励。自己照镜子时也由内而外地满意自己的状态。

（四）更注重孩子的教育问题

ALT 的女儿在小学时在镇里读书。在那达慕大会卖饭时她时常看见那些言谈举止大方，有一份稳定工作和稳定收入的人们时，会时常羡慕他们不需要依靠苦力在烈日下辛苦劳作就可以有一份可观的收入。她深知如果不想让自己的孩子走自己的老路，一定要注重孩子的教育问题。当时女儿的任课老师是平均每个学期一换，等孩子刚刚接受该老师的教学方法，双方磨合较好的时候老师便会被调去旗里教书，新学期孩子依旧要适应新老师的教育方法。而且在那达慕卖饭期间她发现，自家的女儿相较于在旗里读书的孩子，对新鲜事物的了解少，因此很难与同龄小孩有共同话题。所以，在女儿五年级时她办理了转学手续送女儿去旗里接受教育。自从去旗里上学后，孩子课后活动变得丰富起来，学校时常还会组织逛博物馆、图书馆活动。就这样，在旗里读了一学期后她发现，孩子自己十分明显地愿意接触新事物，学习也变得主动了起来。

ZG 为了孩子的教育也打算今年秋天在旗里购置一套楼房。虽说大儿子现在才在幼儿园，但是儿子的同班同学们都在节假日上课外兴趣班。有的孩子都开始认字了，走在街头都会读出路牌上标记的字，也会简单的加减法。而自己的儿子长期住在牧区，相较于住在旗里的孩子接触新鲜事物培养新兴趣的机会少。所以，她打算用自己做微商攒下的钱买一套楼房，以便孩子日后受教育方便。

总而言之，牧区女性认为兼业带来的收入在很大程度上肯定了她们的个人价值的同时提高了她们在家庭中的地位和作用。兼业收入的增多使她们在家中的话语权得到提升，不再或者较少受到无收入等压力的限制，并且这些收入可以自行支配和花费。在孩子的教育、对个人的健康投资和提升自我形象上的投资较之前的状况而言，变得更加自由和自信。

总体上，在中国经济转型和结构调整的过程中，非正规就业也得到了快速发展，非正规就业如同"海绵"，是解决就业问题的重要途径。在非正规就业兴起与发展过程中，女性就业非正规化的趋势较为明显。它可以为那些受性别差异、受教育程度有限的女性提供就业渠道，并且非正规就业一方面在给予女性稳定的物质基础之外，另一方面在思想观念上也很大程度上改变了女性对自我的"价值认定"。

在笔者调查的牧区女性中，大部分人已到中年，受教育程度有限，谋求工作岗位时她们不具备正式工作要求的年龄优势和教育背景，在此大环境的影响下，兼业成为牧区女性的首选。兼业具有资金投入小、门槛低、投入的时间和精力较少的特点，能够很好地协调牧区本职工作，同时也能获得一笔可观的收入。调查中的案例显示，自从牧区女性接触兼业她们的生活发生了很大的改变，她们的生活不再是单一的围绕牧区或者家庭琐事，丰富的兼业经历不仅改善了她们的生活条件，也让她们有了对外界的不同认知。在拓展业务范围的过程中她们接触到了很多来自不同地区、不同民族的群体，这在更大程度上开阔了她们的眼界，提供了上升的机遇。虽然牧区女性最初开始兼业的初衷可能是为了减轻负担给家人带来好的生活品质，但在此过程中她们学会了经济独立以及新的思考模式。在家庭重要决定上妇女们获得了更多的话语权，对资金的支配有了更多的把控，对自我提升的投资变得不再吝啬，并且上述想法和做法愈加坚定。如今，通过她们长期努力可兼业不仅在改善家庭生活品质方面有了很大的成效，而且带动了牧区女性的积极性，促进了地方经济的微循环系统。

第五节　牧区微观场景中的市场及经济主体

本章中列举的四个案例来自内蒙古自治区多个盟市。通过四个案例从不同的产业领域、不同生计体系、不同地方文化、不同性别的角度，描述了日常实践中的经济活动过程、关系网络、自主性特征及自然、社会、文化资源的规定作用。四个案例显示，目前牧区日常生活中人员的流动性是常态，会随着当地牧业生产时段或草原的季节性的特征而有所不同。牧民从事的经济活动因地区性的资源区别而呈现出各自的特色。对于以干旱戈壁生态为主的阿拉善左旗牧民来讲经营羊绒生意可能是较为理性的选择，在政府、企业和牧民的共同协作下牧民传统的畜群管理知识及梳毛技术被认可，牧民获得了丰厚的回报，企业获得了利润，政府赢得了信任，通过白山羊绒创造了地方经济上的"三赢"。在此背景下当地牧民与国际、国内羊绒市场相关联，牧民的山羊群的管理关系到每年的高端羊绒精品的品质，从而也对牧民的生产活动赋予了较高的意义。

在阿拉善左旗羊绒生计中，牧民的经济活动的大部分时间淹没在日复一日的畜牧业劳作之中。牧民对市场的参与会随着梳羊绒季节的到来而开始频繁。他们一年当中对山羊身上投入的劳动，在出售羊绒的那一时刻得到回报，正因为如此，如何出售、如何定价变成了牧民关心的重要问题。每个手里有山羊绒的牧民在此经济循环中变成积极的参与者，参与羊绒生产、运输、存储以及定价，他们是这条羊绒产业链原料端的持有者。牧民及其家庭在整个羊绒交易的链条中是微型的、以家庭为单位的经济主体。牧民结合传统的梳羊毛技术与看似贫瘠的戈壁自然环境在市场经济条件下获得较可观的经济回报。

相比与阿拉善羊绒产业环境下的牧民经济主体，草原度假村的案例说明，自然资源与文化之间的"共谋"会通过旅游行业的兴起而创造更高、更普遍的经济效益。正蓝旗草原度假村在内蒙古自治区旅游资源中有一席之地，主要是正蓝旗的旅游宣传中成功地融合了元上都遗址、锡林郭勒大草原及游牧、牧区、蒙古族文化等多种社会文化元素，营造了地方性的旅游氛围。细品文中的度假村案例会发现，参与到度假村生意的当地人当中不只是牧民身份的人，而且有小镇及周边嘎查的人，他们合力在草原一年当中最舒服的季节共同支撑着当地的旅游产业。在这一产业中牧民家庭是以多种形式参与进去的，有的牧民家庭是经营者，有的是肉食、奶食及马匹、服装供货人，也有向导、歌手、临时打工等渠道的参与。现如今在草原最美的季节，可能是牧民最忙碌的时候。在草原度假村经济循环中，地方性的文化是促成旅游热的关键因素，文化作为一种资源有效地促进了牧民的经济活动。在此氛围下，牧民及家庭对牧业的经营、产品制造及出售环节中需要更高的主动性、需要更融洽的群体之间的协作。B度假村的案例很好地体现了这一点。

鄂温克旗布里亚特特色餐饮案例从另一个角度观察了牧民在特定环境下的经济行为。在此节中食物种类的介绍占据了较大的篇幅，对此考虑有两点：首先以布里亚特饮食为特色的餐饮经济背后支撑的基础部分是布里亚特饮食体系，该饮食体系的食物品类及原料构成是整个经济现象的支撑点；其次是牧民能够主动或被动参与到相关经济活动的原因在于在该热门餐饮体系中对牧户产品的需求，对此需求规模的了解只能通过其饮食文化的详细了解。在地方经济相关统计内很难量化布里亚特餐饮店带动了多少个牧民家庭的参与，对其规模更难以做出准确统计。在特色餐饮经济活动中牧民获得了多种参与渠道，如同草原度假村模式，布里亚特餐饮红火的背后是"共谋"的结果。特色餐饮是地方社会文化长期积淀的产物，也是特定自然环境对人的社会活动限定下的产品。鄂温克旗特色餐饮案例说明，牧民家庭的经济活动是在牧民对牧业产品与城镇市场的有效对接过程中形成的。周边城镇的市场对于农牧民自主经济活动能够起到关键作用。

在经济主体的自主活动的表现上，牧区女性可能更有明显的变化。在乌审旗的案例中主要调查对象为牧区中年女性。在此案例中很难去捕捉地方性的经济环境的独特之处，但女性在城镇化、流动性、交通与网络条件的支持下开始积极参与到第二职业，也可以视其为兼业，即牧民身份以外的作为商人身份去兼营某项业务并获得相应的收入。为何要强调兼营，主要是牧区中年女性一般情况下不会完全离开原有的牧业生计模式。她们会努力经营牧业工作以外的业务，其驱动力来自对家庭、子女的责任以及对自己的期待。她们对当地的经济环境较为熟悉，并敏锐地发现城镇市场内的各种需求，成功地借助网络、媒体开展了不同于牧业生计的第二份生计渠道。同时也完成了身份、职业以及观念上的转变，她们转向了个体经济主体，在市场经济活动中利用自身可控制和支配的资源获取了报酬。

　　进入到微观经济环境，其研究的对象从宏观经济学宽泛且高度专业化的分类转向专注于消费者、劳动者和其他经济活动的参与者的具体消费、收入、支出及决策。特定的经济主体的自主经济活动是在特定环境内进行的。而"特定"的部分的解释结合经济行为与人文社会研究可以认为是资源规定下的活动，即经济主体所处的自然资源、社会文化资源是其重要的组成部分也是限制因素。牧民现阶段的经济活动是宏观政策与地方性资源规定下的个人生计决策的结果，宏观上需要在"双碳"与城镇化的背景下去理解现行社会经济相关政策，微观上需要在地方性资源的优、劣在个人经济活动中得以有效融合。本章中四个案例扎根于生活日常，对牧民的经济活动进行了细致的描述与分析，而其理论意义在于在宏观和微观的衔接上牧民的自主经济活动展现了实践上的总体特点，即牧民自主经济主体的培育需要切实找到资源规定下的实践路径。

第六节　"双碳"目标与由资源规定的牧民经济主体

　　本节内容实际上是对第六章和第七章案例的系统分析阐述。同本章介绍的四个案例相比，第六章包含的中乌拉特中旗两镇一个嘎查和鄂温克旗奶牛产业的调查是笔者长期关注的调查点，时间点集中在21世纪第一个十年。在调查地点的资源构成上各个案例之间有着较大的区别。乌拉特中旗的案例中口岸和矿产因素对牧民经济活动产生了较大的影响，牧民在环境压力下转变经营畜群的方式，也看到了周边城镇及口岸经济的潜藏的经济利益。鄂温克旗在21世纪第一个十年间的发展依托境内优质天然牧场建设肉、奶产业取得了前期成效。在第七章中介绍的四处调查点有各自的资源构成特点，时间点集中在 21 世纪第二个十年。阿拉善左旗、正蓝旗及鄂尔多斯乌审旗的案例分别表明了身处自然资源和社会文化资源的限定下牧民参与经济活动的途径与方式，其中鄂温克旗的案例继上一章对该旗介绍，基于特色餐饮行业继续深入介绍 21 世纪第二个十年时期的牧民经济活动。

从笔者思考过程来讲，两章内容之间调查时间跨度不同，使笔者通过乌拉特中旗案例认识到了社区视角下的牧民经济主体的空间跨度的同时把该视角扩展到了其他盟市案例上，在多个案例基础上探讨了经济主体与所处区域资源之间的相互规定关系，并逐渐意识到在研究背景下加入城乡之间的人员流动的必要性，以及流动性下的自然、生态规划对其进一步的规定性。

在前面的章节中对城村之间的双向流动模式，从家庭生计角度归为以下四类：①家计性的商业经营；②兼顾就学、养老下的临时务工人员；③支持城镇工作的配偶，一方长期居住在城镇，另一方以流动形式从事牧业为主的生计；④雇佣他人看护畜群，因疾病等原因自己留居城镇。这四点归类在第六章调查地点中获得了更多的证实。多个案例表明牧民对市场经济的参与热情是在周边城镇市场的刺激下形成的。牧民成为经济主体的过程是在城—牧互动模式下完成的。在牧区微观场景下地域性的经济环境、牧民经济活动有着不平衡性，会有一定的共同点如保持流动性，同时也持有各自的特点。主要是在微观环境下自然、社会资源对人的经济行为有着规范与塑造作用。正是这一点要求在"双碳"背景下牧区社会的降碳行动要有各自的特定方式方法，需要在前期的规划中根据地方经济的特点设计和规范。

新华社报道中住房和城乡建设部副部长张小宏说，"在推动城市绿色低碳建设方面，要优化城市结构和布局，推动组团式发展，加强生态廊道建设，严格控制新建超高层建筑，加强既有建筑拆除管理；建设绿色低碳社区，加强完整社区建设，构建 15 分钟生活圈；大力发展绿色建筑，加快推进既有建筑节能改造，因地制宜推进建筑可再生能源应用。此外，还要强化保障措施。重点是要研究建立两个体系：一是建立城乡建设统计监测体系，编制城乡建设领域碳排放统计计量标准；二是构建考核评价指标体系。通过对碳排放量动态监测和对节能降碳工作的客观评价，形成有效激励和约束机制，共同推动实现城乡建设领域碳达峰碳中和目标。"[①] 在"双碳"目标下，未来社区建设过程中如何保持低碳是建设成效的主要考核指标。从目前已有的调查资料来看，牧民经济活动中对于碳的约束还停留在经济效益及成本核算阶段。例如，在一次锡林郭勒盟某嘎查"快递进村"现象的调查（2021夏）[②] 中描述，快递进村在最初的阶段经历了两大波折，起初村内的人们对快递站点有点陌生，认为应该存续不了几天，而最大的波折是一路颠簸的送包裹车辆雨天进嘎查。但经过一年的运行，快递站得到了大家一定的认可，方便了嘎查内网购的人们。这一简单的调查情况表明，目前虽然国内快递行业在迅猛发展，但现阶段快递业的普及在内蒙古区域主要还是主干交通覆盖的城镇范围内，到嘎查/村内的快递业务的便利程度根据村落与相邻城镇的距离而定。牧业生计特点则需要依靠冷链快递在 24 小时业务保障的情况下，出售产品才有可能开展下去。依靠各自家庭的汽车运输不仅增加产品的货运成本，还会提高碳排放量。

快递进村的事实能够说明一些现实问题：首先由于现阶段牧业区域内交通和运输网络仍未达到支持市场销售体系的完善水平，牧区人的出行和物品的传递没有办法依据公共交通，从而增加运输成本的同时不得不面对较大碳排放的现实。其次在此状态下，牧民作为经济主体的个人活动受限，更无法对降低碳排放做出贡献，更不能在社区、村落生活环节中落实"双碳"目标。

牧民自主经济主体的培育是在资源规定性下进行的，这是在本书中经过较长的案例铺陈要去重点强调的部分。在现有的市场经济条件下培育牧民自主经济主体并不是单一的过程，而是承载了多重社会治理、发展任务的系统工程。牧民对市场经济的积极参与的主动表现也并不是一开始就有的，从第五章的案例到本章的案例中就能够感受到，这是摸索着前行的、不断推进和被推进的过程。牧民经济主体的培育除了牧民自身在主观层次上的

---

① 住房和城乡建设部. 推动出台城乡建设领域碳达峰实施方案［EB/OL］. http://www.gov.cn/xinwen/2022–02/24/content_5675510.htm（搜索日期 2022 年 10 月）.

② 该部分调查内容来自敖敦图亚（2020级内蒙古大学民族学本科生）2021~2022年暑期田野调查，记录了东乌珠穆沁旗某嘎查"快递进村"项目实施过程.

认识的转变及对所处资源环境的掌控之外，获得社会公共领域在软件、硬件上的配套、支撑是关键，如在交通、网络、教育、医疗、社交平台等。宏观社会规划同地方性自然、社会资源、人的生产、生计活动之间的合理衔接是落实降碳行动的必要前提。尤其在以牧业生产为主的区域，畜牧业碳排放量能通过合理规划牧民自主经济行为实现碳抵消可以说是一种双赢的方式。

第八章

结论

从社会空间来看培育牧民自主经济主体是社会多维度治理的结果。在时间线上在空间演替过程中牧民自主经济主体有代际更迭。牧民自主经济主体培育体现了社会治理政策延展、扩布的过程。牧民自主经济主体时空上的过程可以从以下三点考察：首先，20世纪八九十年代，改革开放为中国市场注入了活力，市场经济的发展促进了城乡之间的人员流动，农村流动人口进入城镇之后，"三农"问题成为亟待解决的社会问题，问题集中在社会资源的分配上；其次，从城镇化角度，社会人口的流动性是城镇化的前提条件，改变城乡二元结构，实现自由劳动力流动性也是改革开放促进社会主义市场经济的基本要素；最后，在国内"双碳"目标继生态治理系列工作连续下，在牧区生态问题的解决途径与草原、人口、畜群数量关联在一起形成了"禁牧"或"休牧"，伴随牧业上的人口政策性地转移至城镇，构成了上文中强调的城—牧互动模式。

紧接上述三点内容，问题将转向"双碳"目标同牧区人口、自然资源与社会文化资源之间的连接。在实际工作中"双碳"目标需被分解到各个环节，宏观层面的分解过程如在前文章节中的分析实际上是在社会治理政策之间的对接与机制上的耦合。因此从政策角度来讲，牧区发展进程中不断强调生态问题时，在社会治理中呈现的则是以城镇化为推力的人口流动及流动伴随的系列社会问题。在由政府主导的多项社会重大决策之下，基层社会常以被动的形式参与其中。21世纪初牧业人口开始进入城镇，一些内蒙古牧区社会调查中也记录了牧民进入城镇、接触市场之后的各种不适应。在本书中乌拉特中旗以及鄂温克旗案例中也有体现。但城镇对人的生活的便利以及城镇市场的巨大发展潜力让进入到城镇的牧民群体不再是"徘徊"的态度，对城镇生活的态度及市场经济的参与上出现了主动的一面，扮演起了自主经济主体的角色。

在本书中列举的案例包括了内蒙古主要牧业盟市，在时间上大致分为两个阶段，21世纪前十年和第二个十年。20世纪80年代社会主义市场经济随着改革开放的步伐深入内蒙古嘎查/村之时，时间已经走到20世纪90年代末。21世纪初第一个十年内蒙古以工业化求发展，地方生产总值有了极大的提高，牧业生产上追求集约化和产业化，鼓励以地方特色来赢得市场青睐。社会宏观层面上的推进与鼓励，对牧民带来的改变生活轨迹的契机，从牧村外出打工的年轻人越来越多。当因生态问题鼓励牧业村落集体转移时，21世纪第一个十年间牧民逐步在城镇市场中找到了可以实现安身立命的新的生活模式。牧民自主经营的方式方法，直观上是城镇与牧业村落之间的流动。牧民家庭基于家庭成员的分工，将家安在城村两头或者只是把城镇作为一处临时的落脚点，人同畜群一起游走于租用的草场上。经过该阶段牧民对流动有了新的认知。牧业区域十年的市场经济发展，使进入21世纪第二个十年的牧民借助互联网对市场有了更进一步的了解及利用。内蒙古牧业区域的多个案例显示牧民利用旅游产业、网络平台获取的收入在牧民生活中发挥着重要作用。城—牧互动模式诠释了牧业村落在自然、社会、文化资源规定下的牧区城村流动性、"两栖"状态的特征。牧民通过城—牧互动模式获得了在城镇安心生活的部分保障，并努力让家庭在牧区拥有的资源成为身处在城镇市场上的优势。在当前情况下，牧民群体对城镇市场的了解、利用的熟悉程度则是牧民家庭安居乐业的另外一层保障。

在现阶段，21世纪第三个十年开始之际，社会宏观层面上关键而显著的变化是"双碳"目标成为有着明确时间节点的重大限制性因素。抛开技术层次上的突破，在社会治理领域"双碳"目标的达成更多的是合理规划、有效衔接和人的观念的转变。"双碳"目标将会深刻影响每个人生产生活轨迹。牧区发展、牧区城镇化、生态恢复以及培育牧民自主经营主体是同一社会时空内的现在进行时，是多维度、重叠性的社会治理过程。

　　"双碳"目标的实现依靠社会复合系统的协同运转，"双碳"既需要政策性、技术层面的内容，也需要社会生活层面的实际行动。从社会治理层次上的衔接到人的低碳观念的认识和行为上的转变，均为实现"双碳"目标的关键因素。因此，现阶段通过城—牧互动模式继续引导培育牧民经济主体，也是多维度的治理过程。"多维"体现在让牧民群体意识到空间转换的必要性，实际上是认识到牧区城镇化以及气候议题下的空间转化必要性的过程。当下评价牧民经济行为也是多维度的，这也是赋予牧民经济行为的评价超越个人经济利益层次的原因。经济主体是浓缩了国家提倡的精神、原则及规则的实体化概念，是现行市场经济体制下的载体。

参考文献

［1］ 阿拉坦宝力格.论徘徊在传统与现代之间的游牧［J］.中央民族大学学报（哲学社会科学版），2011（6）：51-58.

［2］ 包智明，任国英.内蒙古生态移民研究［M］.北京：中央民族大学出版社，2011.

［3］ 阿拉坦宝力格等.游牧生态与市场经济［M］.呼和浩特：内蒙古大学出版社，2013.

［4］ 包智明，石腾飞.牧区城镇化与草原生态治理［J］.中国社会科学，2020（3）：146-162+207.

［5］ 包思勤.内蒙古农村牧区适应气候变化措施研究［M］.呼和浩特：内蒙古大学出版社，2021.

［6］ ［美］比尔·盖茨.气候经济与人类未来［M］.陈召强译.北京：中信出版社，2021.

［7］ ［法］安东尼·加卢佐.制造消费者［M］.马雅译.广州：广东人民出版社，2022.

［8］ 崔继云.对农村市场经济中市场主体的再认识［J］.农业经济，1995（3）：24-25.

［9］ 陈红.牧民视野中的工业化——内蒙古Y嘎查案例［J］.绿叶，2012（8）：47-54.

［10］ 常青.习近平“不能回到计划经济的老路上去”的财产哲学基础［J］.湖北经济学院学报（人文社会科学版），2022，19（2）：4-8.

［11］ 陈云.全球气候变化背景下“双碳”战略与经济发展对立论的批判及其重构［J］.当代经济管理，2022（8）：1-12.

［12］ 崔思朋.游牧生产方式及其生态价值研究：以北方草原为考察对象［M］.北京：中国社会科学出版社，2023.

［13］ 董克礼.在更高层次上培育农村市场经济新主体［J］.新长征，1995（3）：28-29.

［14］ 戴雪红.当代中国社会转型背景下女性气质、身体和情感的逻辑变迁与重塑［J］.兰州学刊，2015（10）：98-104

［15］ 达林太，郑易生.牧区与市场：市场化中的牧民［M］.北京：社会科学文献出版社，2021.

［16］中国长期低碳发展战略与转型路径研究课题组，清华大学气候变化与可持续发展研究院.读懂碳中和：中国2020—2050年低碳发展行动路线图［M］.北京：中信出版社，2021.

［17］［美］德内拉·梅多斯，乔根·兰德斯，丹尼斯·梅多斯.增长的极限［M］.李涛，王智勇译.北京：机械出版社，2023.

［18］鄂温克族自治旗史志编纂委员会.鄂温克族自治旗志（1991—2005）［M］.海拉尔：内蒙古文化出版社，2008.

［19］额尔敦布和等.内蒙古草原畜牧业的可持续发展［M］.呼和浩特：内蒙古大学出版社，2011.

［20］鄂温克族自治旗史志编纂委员会.鄂温克族自治旗志（2006—2016）［M］.海拉尔：内蒙古文化出版社，2018.

［21］费孝通.费孝通全集·第六卷（1948—1949）［M］.呼和浩特：内蒙古人民出版社，2009.

［22］［英］范达娜·德赛，罗伯特·B.波特.发展研究指南（第二版）［M］.杨先明，刘岩等译.北京：商务印书馆，2014.

［23］盖志毅.新牧区建设与牧区政策调整：以内蒙古为例［M］.沈阳：辽宁出版社，2011：1-30

［24］郭春丽，易信."双碳"目标下的中国经济增长：影响机制、趋势特征及对策建议［J］.经济学家，2022（7）：24-33.

［25］韩念勇.草原的逻辑（上）［M］.北京：民族出版社，2017.

［26］［美］加里·贝克尔，吉蒂·贝克尔.生活中的经济学［M］.章爱民，徐佩文译.北京：机械工业出版社，2013：334

［27］贾华强.中国如何实现持续繁荣的市场经济——以经济主体多样性为视角的分析［J］.人民论坛·学术前沿，2013（2）：28-35.

［28］兰建中.草原星辰［M］.香港：中国科学教育文化国际交流促进会，2001.

［29］李军刚，毛心怡，何桂敏.习近平关于实现碳达峰碳中和的重要论述及其时代价值［J］.中南林业科技大学学报（社会科学版），2022，16（3）：1-7+24.

［30］孟根仓，陈红."城牧互动社区"：内蒙古城市—牧区二元社会的时空压缩［J］.青海民族大学学报（社会科学版），2020，46（1）：143-147.

［31］马玉清.乡村振兴背景下农村妇女就业对自身及家庭地位的影响研究［J］.农村经济与科技，2022，33（17）：261-263，282.

［32］梅雪芹.在中国近代史研究中增添环境史范式［J］.近代史研究，2022（2）：10-13.

［33］邱力生."三农"问题的出路在于使农民成为市场经济的强势主体［A］// 全国高校社会主义经济理论与实践研讨会领导小组.当代中国经济问题探索（上册）［C］.全国高校社会主义经济理论与实践研讨会领导小组：中国人民大学中国经济改革与发展研究院，2004.

［34］ 全国畜牧总站 . 草木业经济发展的体制与机制研究［M］. 北京：中国农业出版社 .2021.

［35］ 仇焕广，冯晓龙，苏柳方，唐建军 . 中国草牧业可持续发展：政策演变与实现路径［M］. 北京：经济科学出版社，2021.

［36］ 任继周，梁天刚，林慧龙等 . 草地对全球气候变化的响应及其碳汇潜势研究［J］. 草业学报，2011，20（2）：1–22.

［37］ 任继周 . 我对"草牧业"一词的初步理解［J］. 草业科学，2015，32（5）：710.

［38］ 任继周 . 几个专业词汇的界定、浅析及其相关说明［J］. 草业学报，2015，24（6）：1–4.

［39］ 色音 . 蒙古游牧社会的变迁［M］. 呼和浩特：内蒙古人民出版社，1998.

［40］ 宋新亮 . 政府的宏观调控与农民的市场经济主体地位［J］. 黑龙江教育学院学报，2005（3）：13–14.

［41］ 世界草地与草原大会翻译小组译 . 牧区管理：核心概念注释［M］. 北京：科学出版社，2008.

［42］ 苏亚拉 . 巴彦淖尔市乌拉特中旗甘其毛都镇图古日格嘎查蒙古族牧民精神生活研究［D］. 内蒙古大学硕士学位论文，2015.

［43］ 孙明 . 乡村振兴视域下农民法治信仰生成机制研究［J］. 鲁东大学学报（哲学社会科学版），2023，40（3）：28–35.

［44］ 滕驰 . 内蒙古牧区新型城镇化进程中人口转移问题与对策研究——以W旗为例［J］. 中央民族大学学报（哲学社会科学版），2017，44（1）：12–16.

［45］ 乌茹嘎 . 进城牧民的生活变迁与适应研究——以乌拉特中旗为例［D］. 内蒙古大学硕士学位论文，2015.

［46］ ［美］维托·坦茨 . 政府与市场：变革中的政府职能［M］. 王宇等译 . 北京：商务印书馆，2016.

［47］ 吴晓林 . 理解中国社区治理：国家、社会与家庭的关联［M］. 北京：中国社会科学出版社，2020.

［48］ 王俊敏 . 一种新型社区—牧区社区［J］. 内蒙古大学学报，1993（2）：11–19.

［49］ 万里强，侯向阳，任继周 . 系统耦合理论在我国草地农业系统应用的研究［J］. 中国生态农业学报，2004（1）：167–169.

［50］ 王晓丹 . 近代中国社会转型与女性社会角色的变迁［J］. 曲靖师范学院学报，2007（1）：66–70.

［51］ 王皓田 . 人畜合—离式游牧与牧区城镇化新探索——以内蒙古四子王旗为个案［J］. 贵州民族研究，2016，37（4）：45–48.

［52］ 王诗语 . 当代中国中产阶层职业女性工作——家庭冲突困境分析［J］. 西部学刊，2021（16）：32–35.

［53］ 谢芳 . 美国社区［M］. 北京：中国社会出版社，2004：8–11.

［54］ 姚莉 . 社交时代背景下移动短视频的传播特点与发展策略研究［J］. 中国传媒科技，2022

（12）：57-60.

［55］ 薛进军，郭琳.科学认识气候变化合理制定碳达峰碳中和的路线图和时间表［J］.华中科技大学学报（社会科学版），2022，36（5）：38-45.

［56］ 习近平.习近平谈治国理政（第四卷）［M］.北京：外文出版社，2022：375.

［57］ 中共中央文献研究室.十八大以来重要文献选编（上）［M］.北京：中央文献出版社，2014.

［58］ 周璇，唐柳，王茹.农牧区城镇化模式创新与新型农牧区综合体建设研究［J］.农村经济，2016（9）：49-55.

［59］ 张利华.草原可持续发展知识读本［M］.北京：科学出版社，2016.

［60］ 朱民，周弘,［德］拉斯·P.菲尔德，彼得·荣根主编.社会市场经济：兼容个人、市场、社会和国家［M］.北京：中信出版社，2019.

［61］ 张宁."双碳"目标下黄河流域生态保护和高质量发展路径及政策设计——在第五届鲁青论坛"黄河流域碳达峰与碳中和路径高峰论坛"上的发言［J］.青海师范大学学报（社会科学版），2021（4）：13-17.

［62］ 张群著.工矿开发背景下的牧民可持续生计研究：基于内蒙古乌拉特后旗的调查［M］.北京：光明日报出版社，2021.

［63］ 赵云平，樊森，司咏梅等.内蒙古国土空间开发战略与规划方略［M］.北京：中国发展出版社，2021.

［64］ 钟茂初."双碳"目标有效路径及误区的理论分析［J］.中国地质大学学报，2022（1）：10-20.

［65］ 朱守先，张月峰，高国，杜国义等.内蒙古能源"双控"与"双碳"目标协同效应研究［M］.北京：中国社会科学出版社，2022.

［66］ 中共中央宣传部，国家发展改革委员会编.习近平经济思想学习纲要［M］.北京：人民出版社，学习出版社，2022.

［67］ 中共中央宣传部.习近平新时代中国特色社会主义思想学习纲要（2023版）［M］.北京：学习出版社：人民出版社，2023.

（主要参考文件及网址）

［1］ 高举中国特色社会主义伟大旗帜 为全面建设社会主义现代化国家而团结奋斗——在中国共产党第二十次全国代表大会上的报告［EB/OL］.https://www.gov.cn/xinwen/2022-10/25/content_5721685.htm.

［2］ 关于印发《减污降碳协同增效实施方案》的通知［EB/OL］.http://www.gov.cn/zhengce/zhengceku/2022-06/17/content_5696364.htm.

［3］ 如期实现'碳中和'具备良好基础［EB/OL］.http://www.gov.cn/xinwen/2021-03/18/content_5593611.htm.

［4］ 内蒙古自治区第七次全国人口普查主要数据情况［EB/OL］.https://www.nmg.gov.cn/tjsj/

sjfb/tjsj/tjgb/202105/t20210526_1596846.html.

［5］ 习近平.决胜全面建成小康社会夺取新时代中国特色社会主义伟大胜利——在中国共产党第十九次全国代表大会上的报告［EB/OL］. http://www.gov.cn/zhuanti/2017–10–27/content_5234876.htm.

［6］ 习近平在第七十五届联合国大会一般性辩论上的讲话［EB/OL］. https://m.gmw.cn/baijia/2020–09/23/34214329.html.

［7］ 中共中央关于制定国民经济和社会发展第十四个五年规划和二〇三五年远景目标的建议（2020年10月29日中国共产党第十九届中央委员会第五次全体会议通过）［EB/OL］. http://www.gov.cn/xinwen/2020–11/03/content_5556991.htm.

［8］ 中央层面的系统谋划、总体部署——就《中共中央 国务院关于完整准确全面贯彻新发展理念做好碳达峰碳中和工作的意见》访国家发展改革委负责人［EB/OL］. http://www.gov.cn/zhengce/2021–10/25/content_5644689.htm.

［9］ 国务院《关于完整准确全面贯彻新发展理念做好碳达峰碳中和工作的意见》（2021）［EB/OL］. http://www.gov.cn/xinwen/2021–10/24/content_5644613.htm.

［10］ 中华人民共和国国民经济和社会发展第十四个五年规划和二〇三五年远景目标纲要［EB/OL］. https://www.mnr.gov.cn/dt/ywbb/202103/t20210315_2617124.html.

［11］ 住房和城乡建设部.推动出台城乡建设领域碳达峰实施方案［EB/OL］. http://www.gov.cn/xinwen/2022–02/24/content_5675510.htm.

后记

　　笔者是从 2010 年开始对牧区生活关注的。当时笔者在内蒙古大学民族学与社会学学院（民社院）读硕士研究生。2010 年暑期，笔者获得了跟随科研项目组到呼伦贝尔市和锡林郭勒盟进行社会调查的机会。当时笔者承担的主要工作是协助记录每天田野日志、誊写访谈记录等基础工作。这次调查给笔者留下了关于牧区生活的深刻印象，同时也给笔者留下了很多的问题，之后总希望能有更多的机会去了解牧民以牧业为主的社会生活。此后的十几年间，笔者对于牧区的好奇从内蒙古牧区延伸到了西藏自治区拉萨市纯牧业县当雄县，并在当雄县的田野调查基础上完成了博士学位论文《发展视野下的当雄牧民主体性》。

　　在撰写博士学位论文期间，笔者有幸到英国剑桥大学社会人类学系访问学习（2015 年 10 月至 2016 年 3 月）。当时国际上正值气候话题获得了新一轮关注，当时在剑桥大学关于气候变化的讲座、讨论会较多。笔者注意到国内关于牧区可持续发展的相关讨论在剑桥人的学术思维中被轻松放置到全球气候变化的宏大背景之内，国外也有学者非常关心中国政府是否在国家政策层面上真正去落实降碳内容，也有人担心中国家用汽车数量的增加速度会不会加大碳排放量，从而直接使他们在英国辛苦骑自行车的低碳出行失去效益。气候问题的确是人类社会共同面临的难题，虽然有各种争议言论，连年的气候灾害，让人类社会逐渐在气候变化的议题上达成或正在达成更多的共识，"双碳"目标体现了中国政府在气候问题上的承诺与实际行动。

在牧区研究中"生态保护"或"可持续发展"等维度下的研究较丰富，这为今后"双碳"背景下的牧区研究奠定了良好的基础。实际上，无论科技上是否取得重大突破，人的社会关于"双碳"的认识是需要进一步加深的，社会整体观念需要转变。虽然这一目标在操作层面上显得有些难度，但通过日常生活的调查会发现，这样的难度来自社会生活的多样性。处在不同的自然、社会、文化环境，人的以生计为导向的经济活动只能去理性选择当下最可行的模式，社会整体性的观念转变的缓进步伐正是基于这样的多样性。书中所载入的案例点分布在内蒙古自治区不同盟市的各个城镇和嘎查，部分案例是笔者亲身田野调查所获，有一部分来自笔者作为指导教师参与的本科生暑期社会调查，调查资料的详细情况已在正文中详细介绍，不在此赘述。

书中的案例详细记录了牧民生产活动的不同方面，试着从日常生活和生计活动的细类去表达牧民作为经济主体的活动范围、能力以及他们为何被市场需要、他们的产品为何受欢迎的点。当书中案例部分会出现牧业本土知识、地方性文化、食物制作分类等内容，这是为了说明牧民经济主体行为的前因后果及个性特征。本书在成书过程中，如果没有这些描述性的案例、分析和阐释可能只会停留于理论性的假设及对假设的说明。为此非常感谢当年带上刚刚踏入硕士行列的我们出发去牧区田野的可敬的老师们，也要感谢后期调查中愿意与笔者沟通交流的可爱的学生们，没有她们努力完成的暑期田野调查报告，本书中的案例就无从谈新颖和丰富。这里也要感谢这些年来给出许多建议和帮助的师、长、亲友们，还有全力支持我科研工作的家人。最后要特别感谢内蒙古大学民族学与社会学学院对青年教师的科研支持，还要感谢经济管理出版社任爱清编辑及校对的支持和辛勤付出。这份薄薄的后记承载了我厚重的感谢之意，虽然书中未写入诸位姓名，但您的热心帮助、诚恳建议铭记于心！因笔者学识有限，书中难免有疏漏、不妥之处，敬请读者批评指正。

陈红

2023 年 7 月 16 日